Markus Arnold
Vom Ritter zum Friedensboten
Die Geschichte des Franz von Assisi

Markus Arnold

Vom Ritter zum Friedensboten
Die Geschichte des Franz von Assisi

kbw bibelwerk   rex verlag luzern

www.rex-buch.ch
www.bibelwerk.de

ISBN rex 978-3-7252-0948-4
ISBN KBW 978-3-460-20948-0

Alle Rechte vorbehalten.
© 2013 rex verlag, luzern
© 2013 Verlag Katholisches Bibelwerk GmbH, Stuttgart

Umschlaggestaltung: www.anna-katharina-stahl.de
Satz und Layout: Olschewski Medien GmbH, Stuttgart
Illustrationen: Sabrina Kirchner
Druck: Finidr s. r. o., Cesky Tesin, Tschechische Republik

INHALT

Assisi im Jahre 1198 6
Der Rittertraum 10
Krieg 18
Im Gefängnis 25
Der Friedenstraum 32
Ohne Vater 39
Armut 46
Die neuen Brüder 51
Beim Papst 57
Ginepros Abenteuer 61
Klara 71
Beim Sultan der Sarazenen 78
In Arezzo ist der Teufel los 88
Der Wolf von Gubbio 94
Streit in Assisi 101
Weihnacht 108
Nachwort: Das Leben des Franz von Assisi und seine
Friedensbotschaft (Bruder Niklaus Kuster) 111
Karte Umbrien 120

ASSISI IM JAHRE 1198

Wir wollen zusammen eine weite Reise machen. Sie geht zurück ins Mittelalter, ins Jahr 1198. Das ist die Zeit der Mönche und der Klöster. Es ist die Zeit, in der sich der Papst und der Kaiser streiten, wer von ihnen der größere sei.
Und es ist natürlich die Zeit der Ritter mit prächtigen Rüstungen. In diesen kämpfen sie an Turnieren um Ruhm und Ehre. Um 1198 ist diese Zeit allerdings schon im Ausklingen. Viele Ritter sind verarmt und können sich teure Pferde und goldene Rüstungen nicht mehr leisten. Die einen werden zu Raubrittern. Sie lauern den Handelsleuten auf und plündern sie aus. Andere ziehen von ihren Burgen in die Stadt. Dort ist das Leben angenehmer, vor allem im Winter, wenn es in den Burgen bitter kalt ist. Im Winter ist es in den Burgen auch langweilig. In der Stadt ist dagegen immer etwas los und das Leben ist nicht so teuer. Vor allem in Oberitalien entstehen damals viele neue Städte. Reiche Kaufleute und bodenständige Handwerker bringen diese zur Blüte. Da sind plötzlich wieder Ritter gefragt, denn die Stadt muss gegen Feinde geschützt werden.
Eine solche Stadt besuchen wir jetzt. Sie heißt Assisi und liegt in Umbrien, nördlich von Rom. Noch heute ist Assisi eine faszinierende kleine Stadt. Die alten Festungsmauern sind gut erhalten und die Gassen und Häuser sind fast noch dieselben wie vor achthundert Jahren. Wenn die Autos nicht so einen Lärm und Gestank machen würden, fühlte man sich um Jahrhunderte zurückversetzt. Das wollen wir jetzt tun. Wir sind in Assisi im Jahr 1198. Da geht es hoch zu und her. Vor dem Dom des heiligen Rufino, des Stadtheiligen von Assisi, hat sich eine große Menschenmenge versammelt und die macht einen gewaltigen Lärm. Was ist da los?

Zu dieser Zeit gab es in Europa zwei starke Männer, die abwechslungsweise versuchten, alle Macht an sich zu reißen. Auf der einen Seite war das der Kaiser. Er stützte sich auf die zahlreichen Herzöge, Grafen und Ritter. Auf der andern Seite stand der Papst. Er hatte gemerkt, dass es in vielen italienischen Städten reiche Kaufleute gab. Diese hatten von den Grafen und Rittern genug. Sie wollten selbst Ritter werden. Der Papst verbündete sich mit vielen von ihnen. Eines hatten beide Parteien gemeinsam: Sie waren unheimlich geldgierig. Geld war damals nämlich der letzte Schrei. Erst in dieser Zeit gab es richtig viel Geld. Früher tauschte man ein Schwein gegen ein Fass Wein und einen Ballen Stoff gegen einen neuen Tisch. Jetzt prägten viele Städte eigenes Geld. Es wurde nicht mehr getauscht. Es wurde gekauft und verkauft. Wer etwas sein wollte, brauchte Geld. Darum versuchten alle sich mit denen zu verbünden, die viel Geld hatten. Die Folge war ein großes Durcheinander. Ständig wurden ewige Freundschaften geschworen und nach kurzer Zeit wieder gebrochen. Es gab immer wieder kleinere Kriege. Als Grund für die Kriege wurde alles Mögliche angegeben: Der eine Fürst wollte den Glauben retten. Eine Stadt verkündete, sie wolle dem Papst treu bleiben. Die Nachbarstadt hatte dem Kaiser Treue geschworen. Aber allen ging es nur ums Geld. Die Folge war, dass es niemand mehr mit der Ehrlichkeit so genau nahm. Die Überfälle auf den Straßen mehrten sich. Nachts war es in den Städten gefährlich. Für wenig Geld wurde jemand ermordet. Und alle Leute sagten: So eine schlimme Zeit wie unsere hat es noch nie gegeben. Es war also ungefähr so wie heute. Auch damals schüttelten die Erwachsenen den Kopf und meinten: „Die heutige Jugend. Wohin soll das nur noch führen?"
Doch gehen wir zurück auf den Domplatz von Assisi. Dort ist etwas Unerhörtes geschehen: Die reichen Bürger haben sich gerade mit dem Papst verbündet und den Herzog Konrad mit all seinen Rittern zum Teufel gejagt. So weit sind sie natürlich nicht geflüchtet. Im Gegenteil! Einige Ritter sind nur in die Nachbarstadt Perugia geflohen und sinnen dort auf Rache.

An die Rache der Vertriebenen denkt die Volksmasse auf dem Domplatz nicht. In Assisi ist ein großes Fest im Gange. Auf den Straßen gibt es Wein zu trinken, so viel man will. Rinder und Schweine werden auf großen Drehspießen geröstet. Jeder isst und trinkt nach Herzenslust. Mancher reiche Kaufmann muss auf allen vieren heimkriechen, weil er zu viel getrunken hat. Die Bettler nützen dies geschickt aus. Sie leeren ihm auf dem Heimweg noch rasch die Taschen. Einen solchen Tag muss man ausnützen. Die Mütter haben die Kinder schon lange ins Bett geschickt und ihnen klargemacht, dass sie für dieses Fest noch zu jung sind.

Auch der reiche Tuchhändler Pietro Bernardone torkelt glücklich nach Hause. Er ist nun einer der neuen Herren der Stadt. Jetzt muss er für seine Tuchballen, die er von Frankreich nach Italien bringt, nicht mehr so hohe Steuern bezahlen. Und seine Kinder werden es darum einmal besser haben als er. Er hat drei Kinder. Rustico und Angelo sind schon im Bett. Der Älteste, Giovanni, feiert noch in der Stadt. Schließlich ist er schon siebzehn Jahre alt. Giovanni ist sein Lieblingssohn. Der Vater nimmt ihn bereits auf seine Handelsreisen mit. Giovanni kann recht gut französisch sprechen. Seine Kameraden nennen ihn darum nur Francesco, den kleinen Franzosen. Pietro Bernardone schmunzelt, während er versucht, mit geraden Schritten auf die Haustüre zuzusteuern. Es gelingt ihm nicht so gut. Darum ist er froh, als er sich endlich am schweren Türklopfer festhalten kann.

„Ja, mein Francesco", denkt er, „der wird seinen Weg machen! Schon jetzt sagen die andern Jungen von ihm, er sei ihr Chef! Wenn das so weitergeht, wird er einmal ein Ritter, vielleicht sogar Bürgermeister von Assisi. Heute haben wir ja diesen verfluchten Graf ins Kuckucksland geschickt. Und dann wird mein Sohn sagen: Das verdanke ich alles meinem Vater, Pietro Bernardone!"

Wir wollen den weiteren Weg des Pietro Bernardone nicht mehr verfolgen. Immerhin hat er die steile Treppe zu seinem Schlafzimmer im dritten Anlauf geschafft. Sein Sohn Francesco feiert immer noch. Er singt seinen Freunden die neuesten französischen Lieder vor, die er während der letzten Geschäftsreise gelernt hat. Sein Vater hat es erlaubt, dass er so lange aufbleibt. Er wird sogar stolz sein, wenn er erst am andern Morgen nach Hause kommt, und sagen: „Mein Junge, du muss ab und zu über die Schnur hauen. Nur so wird aus dir ein richtiger Mann!" Die Mutter aber wird ihn mit einem langen traurigen Blick anschauen. So sind eben die Frauen. Nun schnell ein neues Lied.

DER RITTERTRAUM

„Wie? Nur zehn Denare für diesen herrlichen Stoff?" Pietro Bernardone beginnt rot anzulaufen. Wenn er in seinem Tuchladen am Verkaufen ist, ist er mit Leib und Seele dabei. Der Kunde, der vor ihm steht, ist der Verwalter des bischöflichen Schlosses in Assisi. Der Bischof will sich wieder einmal neue Messgewänder machen lassen. Der Verwalter versucht, den Preis herunterzudrücken. Dem Bischof muss er davon nichts sagen. So gewinnt er an dem Handel etwas für sich selbst.
„Wenn ich dieses Leinen in Perugia kaufen würde, kostete es nicht mal die Hälfte. Die Sonne schimmert ja hindurch!" Mit diesen Worten hält der Verwalter das schöne Tuch an die Sonne.
„Weißt du, was ich alles durchgestanden habe, bis ich dieses Tuch hatte? Hör gut zu und erzähl es nachher deinem geizigen Herrn, unserm Bischof. Eigentlich müsste ich das Doppelte verlangen. Ich habe es in Frankreich auf der Messe von Troyes gekauft. Weißt du, wo das ist? Natürlich nicht. Und du Dummkopf willst etwas von Tüchern verstehen! Das ist bestes Leinen aus Flandern! Auf dem Rückweg, über den großen St. Bernhard, sind wir in einen Schneesturm geraten, mitten im Sommer. Der Francesco wäre mir beinahe erfroren. Und nicht genug damit, kurz vor Mailand haben einige verfluchte Wegelagerer versucht, mir mein Geld abzunehmen. Denen haben wir aber schön heimgeleuchtet. Doch ein Maultier und einen Knecht haben sie mir getötet. Das Tuch ist mit meinem Blut erkauft worden, verstehst du das? Und da kommt so ein naseweiser bischöflicher Angestellter und meint, das Tuch sei nur zehn Denare wert. Das ist doch die Höhe, da sollte man ...!" Pietro Bernardone schnappt nach Luft. Sein Kopf ist hochrot.
„Es ist ja schon gut", versucht ihn nun der Verwalter zu beruhigen, „der Herr Bischof muss auch aufs Geld schauen. Ein Diener der heili-

gen römischen Kirche hat viele Auslagen." Bei diesen Worten schaut er mit halb geschlossenen Augen zur Decke.

„Er sollte weniger fressen und saufen", meint ein neuer Kunde, der in den Laden getreten ist. „Wenn ich so viele Feste feiern würde wie unser Bischof Guido, dann wäre ich schon lange zerplatzt." Es ist der neue Bürgermeister, der so gesprochen hat. Er und der Bischof liegen sich ständig in den Haaren. Jeder will in der Stadt mehr Rechte beanspruchen. „Hör mal, Pietro Bernardone", fährt er fort, „wir brauchen einige Meter feinen Tuchs. Es wird bald Krieg geben mit Perugia. Wir benötigen darum neue Fahnen. Die Ritter, die dorthin geflohen sind, hetzen Perugia gegen uns auf."

Francesco, der im Hintergrund des Ladens gearbeitet hat, horcht auf. Krieg mit Perugia! Endlich ist die Stunde gekommen, auf die er und seine Freunde gewartet haben. Dann wird sein Traum wahr, den er in der vergangenen Nacht hatte.

Im Traum hatte ihn jemand gerufen: „Francesco, komm mit mir, ich will dir etwas zeigen!" Die Stimme führte ihn zu einem herrlichen Palast. Der unterste Stock war voll mit Rüstungen und Waffen. Die schönsten Schwerter und Lanzen sah er an den Wänden hängen. Prächtige Streitrosse standen in den Stallungen. Im zweiten Stockwerk sah er kostbare Gewänder aus Seide. Ein langer blauer Rittermantel stach ihm sofort ins Auge. Er war mit Gold bestickt und fiel von den Schultern vornehm bis zum Boden. Dies war sein Mantel. Im dritten Stock aber befand sich der Rittersaal mit massiven Holztischen, kunstvollen Goldpokalen und schwerem Silbergeschirr. Und mitten in diesem Saal erblickte er das schönste Burgfräulein, das er jemals gesehen hatte. Mit zitternder Stimme fragte Francesco: „Gehört das alles …, gehört das alles mir?"

Darauf antwortete ihm die Stimme: „Das alles will ich dir schenken, wenn du in den Krieg ziehst!"

Francesco ist glücklich. Nun würde sein Traum in Erfüllung gehen. Er würde ein großer und berühmter Ritter werden. Schon immer hatte er davon geträumt.

„Francesco, hörst du eigentlich nicht, wenn ich dich rufe? Mit deinen Träumereien verkaufst du nichts. Na, wird's bald!" Wie üblich beginnt Pietro Bernardone rot anzulaufen. Francesco eilt darum schnell zu ihm hin. „Pass gut auf", fährt sein Vater fort, „ich muss jetzt schnell mit dem Bürgermeister in die Wirtschaft. Wir haben viel miteinander zu besprechen. Du hast gehört, dass sich einiges tut in Perugia. Anschließend will ich noch in die Gasse der Gold- und Silberschmiede. Ich muss meine nächste Reise nach Frankreich vorbereiten. Die Preise sind im Moment günstig. Bei Kriegsgefahr wollen die immer verkaufen. Da kann ich gute Handelsware einkaufen. Wenn ich das in Frankreich gegen Stoff umsetze, gibt es einen saftigen Gewinn. Darum muss ich jetzt schnell handeln, sonst kommt mir ein anderer zuvor. Du passt in dieser Zeit auf den Laden auf. Verkauf dem bischöflichen Verwalter seinen Stoff. Aber geh nicht unter achtzehn Denare. Du verstehst dich mit den frommen Herren sowieso besser als ich. Kein Wunder mit dieser Mutter!" Lachend entfernt sich der Vater mit dem Bürgermeister.

Francesco bleibt allein mit dem Verwalter zurück. Der Spott seines Vaters schmerzt ihn. Assisi ist auch nach Vertreibung des Grafen keine Stadt, in der Frieden herrscht. Schon gibt es wieder zwei Parteien: Die einen stehen auf der Seite des Bischofs und die andern auf der Seite des Bürgermeisters. Pietro Bernardone hält nicht viel von der Kirche. Für ihn sind die Kirchenmänner vom Bischof bis zum kleinsten Priester alle vergnügungssüchtige Leute. Sie leisten sich auf Kosten der Steuern ein bequemes Leben. Sie arbeiten nicht, sondern feiern alle Tage. Und wenn sie noch nicht genug Geld haben, verkaufen sie Kerzen und geweihte Gegenstände.

Francescos Mutter dagegen ist eine fromme Frau und hat ihn schon früh gelehrt, die geistlichen Herren mit Ehrfurcht zu behandeln. Francesco weiß wie jeder Bürger von Assisi, dass der Bischof zwei Laster hat: Er liebt gutes Essen und guten Wein und er ist geldgierig. Francesco weiß aber auch, dass der Bischof zwar nicht Jesus selbst ist, dass er aber trotzdem ein Vertreter der Kirche von Jesus ist. Er findet den Bischof ganz nett und unterhält sich daher gern mit dem Verwalter. Der ist froh, dass er mit Francesco verhandeln kann.

„Es ist schlimm, was die Leute alles über meinen Herrn erzählen", beginnt er, „sie sehen gar nicht, wie viel Gutes er tut. Erst gestern Abend hat er einige arme Studenten zum Nachtessen eingeladen. Die wären sonst bestimmt verhungert."

„Es muss ein rechtes Fest gewesen sein", meint Francesco. „Ich habe gehört, der Wein sei in Strömen geflossen. Und es wurde so laut gesungen, dass die halbe Stadt erwacht ist."

„Die Jugend hat's gern ein wenig fröhlich", erwidert der Verwalter, „das weißt du selbst am besten. Habt nicht ihr letzte Woche frühmorgens den Hund des Bischofs in der Sakristei eingesperrt? Schellen habt ihr ihm an den Schwanz gebunden und eine Narrenkappe aufgesetzt. Das arme Vieh war ganz durcheinander. Als wir ihn wieder einfangen wollten, ist er zu Beginn der Frühmesse wie ein Verrückter im Dom umhergerannt. Ein Heidenlärm war das. Aber ich bin ja wegen einer ganz andern Sache hier. Achtzehn Denare sind weiß Gott zu viel für dieses Tuch. Es ist schließlich für ein Messgewand. Ein anderer Tuchhändler hätte es geschenkt und der Segen Gottes wäre ihm sicher gewesen und …"

„Es tut mir leid", versucht Francesco dem Schwätzer ins Wort zu fallen, „aber meinem Vater ist der Segen Gottes zu ungewiss. Geld ist ihm lieber …"

„Das ist es eben, das ist es eben!", jammert der Verwalter, „alle denken nur ans Geld. Zum Glück denkt unser Bischof da anders! Erst heute Morgen hat er eine beachtliche Summe dem Haus für Aussätzige in Borgo geschenkt. Und jetzt reicht es ihm selbst nicht mehr für ein Messgewand!" Damit hatte der Verwalter seine lange Rede beendet und schaute mit listigen Äuglein auf Francesco. Er hofft, seine Wirkung nicht verfehlt zu haben.

„Zwölf", lenkt Francesco ein, „weiter herunter kann ich nicht. Ich muss mich so schon auf ein Donnerwetter von meinem Vater gefasst machen. Nimm das Tuch und grüß den Bischof von mir!"

„Es ist so noch genug!", klagt der Verwalter und zählt das Geld ab. Dann packt er schnell sein Tuch ein. Er hat es jetzt plötzlich eilig, bevor es sich Francesco noch einmal anders überlegen kann.

Francesco ist wieder allein und hat Zeit, seinen Träumen nachzuhängen. Er denkt an die Geschichten, die ihn seine Mutter erzählt hat, als er noch klein war. Die Geschichte von König Artus, dem tapfersten Ritter, den es je gegeben hat. Dieser hatte die fünfzig stärksten und mutigsten Ritter um sich versammelt, alle um einen großen runden Tisch. Sie nannten sich „die Ritter von König Artus Tafelrunde". Gemeinsam bestanden sie die größten Abenteuer. Kein Feind war ihnen gewachsen. Alle schlugen sie in die Flucht, auch wenn es Tausende waren. „Ein solcher Ritter will ich werden", denkt Francesco, „schließlich bin ich schon jetzt der Anführer der Jugendlichen von Assisi. Dann werde ich in dem Schloss leben, von dem ich vergangene Nacht geträumt habe. Auch ich werde fünfzig Ritter um mich versammeln und im großen Rittersaal Feste feiern, von denen man noch lange reden wird. Und das schöne Burgfräulein wird links von mir sitzen. Sie wird mich bewundern und lieben."

„Eine milde Gabe für einen armen Bettler", schreckt ihn eine Stimme aus seinen Gedanken auf. Vor ihm steht ein gebeugtes Männchen und streckt ihm seine schmutzige Hand entgegen. Und ein Geruch strömt von ihm aus! Der Kerl hat sich sicher seit seiner Taufe nicht mehr gewaschen. Das Kleid, das er trägt, musste in seinen guten Tagen einmal ein Mehlsack gewesen sein. „Eine kleine milde Gabe für einen armen Bettler", tönt es mit zittriger Stimme.
„Raus", ruft Francesco ganz erschrocken und macht eine abweisende Handbewegung. Was hat der dreckige Bettler in Bernardones Tuchladen verloren? Ausgerechnet wenn er an ein wohlriechendes Burgfräulein in Seidenkleidern denkt, muss ihn so ein stinkender Tunichtgut in seinen Träumen stören. Der Alte verschwindet. Francesco beginnt nachzudenken. Ritterlich hat er da nicht gehandelt.

Ein Ritter muss sich um die Armen kümmern, großzügig sein. Das ist eine seiner wichtigsten Aufgaben. Der Ritter ist der Starke und muss sich darum um die Schwachen kümmern. Francesco besinnt sich nicht lange. Er nimmt das erstbeste Stück Tuch vom Ladentisch und rennt dem Bettler nach. Der ist noch nicht weit gekommen. Rumpelnd schimpft er vor sich hin. Er flucht über die reichen, geizigen Tuchhändler. Inzwischen hat ihn Francesco eingeholt.
„Entschuldigung", stottert er und hält ihm das Tuch hin. „Entschuldigung!" Der Alte blickt ihn von unten herauf kurz an, murmelt etwas und greift nach dem Tuch. Francesco sieht, wie die schmutzigen Hände gierig von dem sauberen Stoff Besitz ergreifen. Nochmals schaudert ihn, und nachdenklich geht er in den Laden zurück.
Dort wartet schon die Mutter auf ihn. Es ist Zeit zum Essen. Angelo und Rustico sitzen bereits am Tisch. Der kleine, dicke Angelo versucht die besten Stücke des Lammbratens zu ergattern.
„Nimm mein Stück auch noch, wenn du solchen Hunger hast", meint Francesco. Dann setzt er sich schweigend an den Tisch. Der Appetit ist ihm vergangen. Angelo bearbeitet unterdessen schon laut schmatzend das zweite Bratenstück.
„Was ist los mit dir?", fragt die Mutter. „In letzter Zeit bist du so still."
„Nichts", erwidert Francesco, „ich mache mir nur meine Gedanken."
„Er spinnt", ruft Angelo laut. Dabei verschluckt er sich und muss husten. Rustico lacht schadenfroh und sticht Angelo mit der Gabel in den Hintern. Dies wäre sicher der Beginn einer Rauferei geworden, hätte im untern Stock nicht jemand laut die Türe ins Schloss geschlagen.
„Der Vater kommt", ruft die Mutter.
„Und nicht in der besten Laune", ergänzt Rustico. Mit wuchtigen Schritten steigt der Vater die Treppe empor und steht schon in der geräumigen Küche. Schweigend schaut er eine Weile auf Francesco. Dann poltert er los: „Da sitzt er ja, unser großer Tuchhändler. Die andern Tuchhändler lachen sich krank über die Bernardones. Verkauft einem frommen Schwätzer bestes Leinen aus Flandern für zwölf Denare. Das ist geschenkt. Doch nicht genug damit. Wie ich aus der

Schenke komme, sehe ich einen Bettler mit einem guten Stoff, den ich sofort auf seine zwanzig Denare schätze. Dabei kommt mir das Tuch bekannt vor. Wie ich den Bettler frage, wie er denn zu einem solchen Tuch komme, weißt du, was er mir antwortet? Das habe ihm ein junger Herr im Laden da vorne geschenkt! Geschenkt! Statt dass er dem Bettlerpack einige faule Äpfel gibt, wie es sich gehört, verschenkt der junge Herr Bernardone bestes Tuch aus dem Laden seines Vaters. Ja, Himmeldonnerwetter, weißt du eigentlich, wieso wir da Lammbraten auf dem Tisch haben und nicht nur einige dreckige Bohnen? Weißt du es? Dann sag etwas!"
Der Vater packt Francesco bei den Schultern und schüttelt ihn hin und her. Francesco bringt vor Schreck kein Wort heraus. Der Vater steigert sich in eine immer größere Erregung: „Wie willst du einmal mein Geschäft übernehmen? Alles habe ich für dich getan. Die schönsten Kleider, immer nach der neuesten Mode. Jede Woche brauchst du wieder Geld, um deine Kumpane zum Trinken einzuladen. Ich gebe es, weil ich dich gern habe. Ich hätte in meiner Jugend auch gerne gefeiert, aber da war kein Geld. Der Herr Sohn soll's besser haben. Ich nehme dich nach Frankreich mit. Du lernst die Welt und den Handel kennen. Und was ist dein Dank? Du ruinierst den Laden deines Vaters." Der Vater muss eine Pause einlegen.
Die Mutter versucht einzugreifen: „Beruhige dich, Pietro, du weißt, dass zu viel Aufregung nicht gut ist für dich!"
„Entschuldigung", stottert Francesco heute schon zum zweiten Mal, „es tut mir wirklich leid!" Der Vater hat im Grunde genommen recht. Er, Francesco, kann alles von ihm haben. Er ist der Stolz seines Vaters. Der Vater sieht es gern, dass er bei den andern so beliebt ist, auch wenn das einiges Geld kostet. Darum möchte der Vater, dass etwas aus ihm wird.
Pietro Bernardone hat sich wieder beruhigt. „Ich habe es mir überlegt", fährt er fort, „und mit dem Bürgermeister ist es auch schon abgemacht: Du ziehst nächste Woche in den Krieg."

„Nein", ruft die Mutter erschrocken, „Francesco! Du bist noch viel zu jung!"

„Dummes Zeug", erwidert der Vater in einem Ton, der keinen Widerspruch duldet. „Es wird Zeit, dass du endlich ein Mann wirst. Die Mutter hat dich verweichlicht. Im Krieg lernst du dich wehren. Du lernst dich beherrschen und einfach zu leben. Du lernst lauter Dinge, die dir im Geschäftsleben später einmal von Nutzen sein werden. Und wenn du dich gut schlägst, wer weiß! Vielleicht wirst du dann ein berühmter Mann! Und …" Nun sieht der Vater seinen Ältesten beinahe wieder zärtlich an, „dann wollen wir auch all das vergessen, was vorgefallen ist!"

„Danke, Vater!" Francesco versucht in der markanten Sprache eines Kriegers zu sprechen. „Du sollst dich nicht schämen. Du wirst voll Stolz in der ganzen Stadt von meinen Taten sprechen können. Ich werde so mutig kämpfen wie ein Ritter."

„Gut, Francesco, so gefällst du mir wieder", lobt der Vater. Und zu der Mutter gewendet, fährt er fort: „Hör auf zu heulen! Die Sache ist entschieden. Noch heute werde ich für Waffen, Rüstung und ein Pferd besorgt sein."

KRIEG

„Jetzt geht's bald los!", jubelt Francesco und gibt seinem Pferd die Sporen. Vor der Kriegsschar liegt die Kapelle des heiligen Johannes und dahinter sieht man die breite Brücke über den Tiber. Darüber, noch etwa zehn Kilometer entfernt, glänzen die Stadtmauern von Perugia im Sonnenlicht. Francesco ist überglücklich. Er ist einer der schönsten Reiter dieses Kriegszuges. Seinen Vater hat das Geld nicht gereut. Der kräftige, schnelle Schimmelhengst hat einiges gekostet. Francesco ist überzeugt, dass es in ganz Italien kein besseres Schlachtross gibt. Artus hat er es getauft. Seine Rüstung mussten ihm die Mägde immer wieder polieren. Jetzt glänzt sie in der Sonne. Francesco tun zwar die Glieder weh, und die Mittagshitze brät ihn beinahe in seinem Panzer. Aber er lässt es sich nicht anmerken, wie ungemütlich er es in seiner schönen Rüstung hat. Schließlich will er Ritter werden, und als solcher muss er hart sein. Die Vorfreude auf seine erste große Schlacht lässt ihn vergessen, dass ihm vom langen Reiten sein Hintern wie Feuer brennt. Am meisten gefällt Francesco sein Schwert. Sein Vater hat es auf der letzten Reise in Mailand gekauft, ohne dass Francesco etwas gemerkt hat. Jetzt hat der Vater es ihm geschenkt. Es ist ein großes, schweres Schwert. Der Knauf ist mit roten und blauen Edelsteinen besetzt. Francesco hat vorgestern mit Rufino, einem seiner Freunde, den Kampf geübt. Noch immer spürt er den Muskelkater, den dieses schwere Schwert bei ihm verursacht hat.
Francesco strahlt. Einige hundert Meter vor ihm fließt langsam und ruhig der Tiber auf seinem Weg nach Rom. Bald werden die Bewohner dieser großen Stadt einander die Waffentaten des berühmten Ritters Francesco Bernardone erzählen. Francesco wird übermütig. „Rufino! Carlo!", ruft er, „wer ist zuerst bei der Tiberbrücke? Los, wir machen ein Wettrennen!"

Mit viel Geschrei reiten die drei Freunde an der Spitze des Kriegszuges vorbei und preschen auf die Brücke zu. Immer wieder geben sie ihren Pferden die Sporen. Jeder will der Erste sein. Schon ist Francesco eine Länge voraus. Da passiert es: Francescos Pferd bleibt in einem Erdloch mitten auf der Straße stecken und stürzt. Francesco fliegt in hohem Bogen in einen Rübenacker. Ihm wird schwarz vor den Augen, und eine Weile liegt er ganz benommen da. Zum Glück konnten seine Freunde dem gestürzten Schimmel ausweichen. Sie eilen Francesco zu Hilfe. Dieser wälzt sich in seiner schweren Rüstung wie ein großer Wurm im Rübenacker und jammert laut. Carlo und Rufino wollen Francesco die Rüstung ausziehen. Diese hat sich mit Erde gefüllt, welche unten herausrieselt, als Francesco wieder auf seinen beiden Beinen steht.
„Au, ah, ihr spinnt", schimpft Francesco. „Au, der Helm, vorsichtig! Ich habe eine Beule. Ach, ihr elenden Folterknechte, seid doch sanfter!" Von Francescos Ritterwürde ist nicht viel übrig geblieben. Die beiden Freunde müssen lachen. Francesco steht nun ohne Rüstung als Bild des Elends ganz verdreckt da. Inzwischen ist auch der Kriegstross von Assisi an der Unfallstelle erschienen. Der Hauptmann ist wütend.
„Was fällt euch eigentlich ein?", beginnt er seine Strafpredigt, „ein Kriegszug ist doch kein Sonntagsspaziergang. So weit sind wir nun, seit die Söhnchen der besseren Herren zu ihrem Vergnügen Krieg spielen wollen. Sie machen einen Heidenlärm, dass Perugia ja merkt, dass wir im Anzug sind. Sie wollen sich nicht einordnen und in der Kolonne reiten. Falls ihr es immer noch nicht gemerkt habt: Wir sind im Krieg mit Perugia und das ist eine verdammt ernste Sache. Kindern wie euch, die noch gerne Ritterromane hören, sollte man das Ross wegnehmen. Ihr gehört eigentlich zu den Fußknechten, da würde euch das Umherreiten schon vergehen. Hast du dich übrigens schon um dein Pferd gekümmert, Francesco? Bevor ein Ritter seine blauen Flecken beweint, sollte er sich immer zuerst um das Pferd kümmern! Und jetzt reiht ihr euch zuhinterst bei den Reitern ein, wir wollen möglichst schnell über die Tiberbrücke!"

Francesco, Rufino und Carlo schämen sich. Die andern Reiter schauen spöttisch auf sie hinab. Einer ruft Francesco zu: „Eigentlich könntest du heimziehen! Du hast so viel Ehre im Kampf gegen die Rüben erworben, dass du gar nicht mehr gegen Perugia kämpfen musst!"
Alle lachen.
Zum Glück ist dem Schimmel nichts passiert. Einige leichtere Prellungen hat er natürlich auch. Francesco streichelt ihn: „Du musst entschuldigen, dass ich mich so blöd verhalten habe, Bruder Schimmel. Du bist doch mein Bruder? Du musst in diesem Kampf zu mir halten. Sonst verlieren wir ihn beide!"
Nachdem Francesco die Rüstung mit viel Stöhnen wieder angezogen hat und ihm einige Fußknechte lachend aufs Pferd geholfen haben, geht es weiter über die Tiberbrücke.
Francesco schämt sich und ist zugleich wütend. „Die sollen noch sehen, zu welchen Taten ich fähig bin!", denkt er zähneknirschend. „Hoffentlich kommen diese Peruginer bald. Dann kann ich endlich beweisen, was in mir steckt. Dann Gnade Gott dem, der es noch einmal wagt, mich auszulachen!" Und obwohl ihm alle Glieder wehtun, beißt Francesco tapfer auf die Zähne. Ein Ritter von König Artus' Tafelrunde hätte sich schließlich so ein paar kleine Beulen auch nicht anmerken lassen.
Inzwischen sind die Wachttürme von Perugia noch näher gerückt. Von den Peruginern haben die Krieger aus Assisi bisher nichts bemerkt. Sind sie nicht gesehen worden? Der Hauptmann hat zwar immer den Weg entlang der Waldränder oder sogar durch die Wälder gesucht. Doch die Überquerung der Tiberbrücke hätten die Wächter doch bemerken müssen. Wo bleiben die Männer von Perugia? Das kleine Heer aus Assisi hält an. Letzte Kriegsvorbereitungen werden getroffen. Die Ritter überprüfen die Rüstungen und die Scharniere des Helmvisiers. Sie schnallen die Sättel noch einmal fest an. Wenn ein Ritter aus dem Sattel fällt, ist er dem Fußvolk des Feindes ausgeliefert. Die Knechte nehmen es gemütlicher. Sie reichen eine Flasche Wein im Kreis herum. Sie haben in diesem Krieg nicht so viel zu verlieren wie

die reichen Herren. Schlimmstenfalls werden sie gefangen genommen und Knechte bei einem Peruginer. Aber wo ist da der Unterschied? Sie bleiben Knechte. Die Schützen nehmen es genauer. Die meisten von ihnen sind einfache, aber freie Stadtbürger von Assisi. Ihre Zukunft ist mit dem Schicksal der Stadt Assisi eng verbunden. Darum überprüfen sie noch einmal die Sehnen ihrer Armbrüste und die Bolzen. Wenn man an der richtigen Stelle trifft, kann ein solcher Bolzen zwischen zwei Eisenteilen eine Rüstung durchdringen. „Bevor sie auf hundert Fuß heran sind, schieße ich den Herren Rittern durch die Augen!", rühmt sich ein Schütze. „Ich freue mich schon auf die Ritter des Grafen Konrad. Die schieße ich schön der Reihe nach aus dem Sattel!" Unterdessen berät sich der Hauptmann mit den angesehensten Rittern, die den Feldzug mitmachen. Sie sind sich nicht einig, wie sie vorgehen sollen. Sie hatten erwartet, dass ihnen die Krieger aus Perugia entgegenkommen. Stellt man ihnen eine Falle? Oder sollen sie versuchen, in einem Überraschungsangriff in die Stadt einzudringen? Dann muss die Überraschung aber gelingen, sonst gehen die Stadttore von Perugia im letzten Moment vor ihren Nasen herunter. Eine Belagerung Perugias können sich die Männer aus Assisi nicht leisten. Dazu sind sie nicht zahlreich genug. Auch fehlen ihnen die schweren Belagerungsmaschinen, mit welchen man große Steine in die feindliche Stadt katapultieren kann. Zudem dauert eine solche Belagerung meist mehrere Monate; und darauf hat sich niemand eingerichtet. Schließlich wollen alle bald wieder heim zu ihren Familien. Was soll man also tun? Einen Überraschungsangriff wagen oder eine Nacht abwarten? Die jungen Ritter sind alle dafür, einen mutigen Handstreich zu wagen. Sie wollen sich mit ihren Pferden an die Stadt heranschleichen und dann im Galopp in die Stadt hineinjagen. Dann wollen sie die Tore offenhalten, bis das Fußvolk kommt. Der Hauptmann schüttelt den Kopf. Die Stadt liegt auf einer Anhöhe. Die Gefahr ist groß, dass die Kriegsleute aus Assisi plötzlich von oben angegriffen werden. Er möchte die Peruginer lieber hier unten in der Ebene erwarten. Doch die Heißsporne überstimmen ihn.

„Du bist schon zu alt, hast keinen Mut mehr. Dass du es nicht mehr schaffst, im Galopp in eine Stadt zu reiten, ist uns allen klar. Aber du musst keine Angst haben! Wir halten dir das Tor schon offen, bis auch du angeschlichen kommst!", lacht einer höhnisch und die andern stimmen ein. Francesco und seine Freunde lagern unweit der Tiberbrücke. Auch sie können den Angriff kaum erwarten.
„Dies wird unsere erste große Schlacht sein", meint Carlo, „wir wollen immer nahe beieinander bleiben, dass wir uns gegenseitig helfen können."
„Ich freue mich schon auf unsere Heimkehr in Assisi", schwärmt Francesco. „Stellt euch den Empfang vor, den sie uns da machen werden! Und unsere Kameraden, die nicht dabei sind. Die werden Augen machen, wenn wir denen unsere Erlebnisse erzählen."
„Hast du denn keine Angst?", fragt Rufino, „je mehr ich an diese Schlacht denke, umso stärker habe ich ein dumpfes Gefühl in meiner Magengegend."
„Angst?", ruft Francesco, „das dürfen wir nicht haben, wenn wir richtige Ritter werden wollen. Was mich im Moment nervös macht, ist, dass wir hier warten und nicht wissen, wann es endlich beginnt."
Lange brauchen sie nicht mehr zu warten. Plötzlich hören sie lautes Fanfarengeschmetter. Die Peruginer sind unbemerkt im Schutze einer Hügelkette herangekommen. Jetzt stürmt das Fußvolk von Perugia mit viel Geschrei auf die Krieger von Assisi los. Dabei bilden sie ein festes Viereck. Auf beiden Seiten werden sie gedeckt durch die Reiter. In aller Eile bereiten sich Reiter und Fußvolk von Assisi auf die Schlacht vor. Kaum haben die Reiter Zeit, ihre Pferde zu besteigen. Schon sind die Peruginer da. Mit Wucht werfen sie sich auf ihre Gegner. Ein mörderischer Kampf entbrennt. Jeder versucht, sich nach besten Kräften zu verteidigen. Die Kriegsleute aus Assisi weichen dem Ansturm und versuchen, sich ebenfalls in einer Schlachtordnung einzureihen. Dabei müssen schon viele ihr Leben lassen. In das schreckliche Kriegsgeschrei mischen sich die Schreie und das Stöhnen der Verwundeten.

Francesco und seine Freunde reiten auf ihren Pferden, so schnell sie können, zu einer Gruppe von Reitern, die versucht, den Ansturm von Perugias Rittern aufzuhalten. Erbittert kämpfen sie gegen die Übermacht.
Francesco will beweisen, dass er ein wahrer Ritter ist. Er reitet mit erhobenem Schwert auf einen jungen Ritter los. Dieser entdeckt Francesco zu spät. Jetzt wird Francesco zuschlagen. Doch er lässt das Schwert sinken. Er kann nicht. Er hat dem jungen Ritter in die Augen geblickt. Das waren nicht die Augen eines Feindes. Dies hätten die Augen eines seiner Freunde sein können. Sein Schwert wird ihm plötzlich schwer in der Hand. Auch der junge Ritter hat sein Schwert sinken lassen. Eine Weile schauen sie sich an. Beide scheinen zu wissen, dass sie Freunde werden könnten. Sie könnten Freunde sein, wenn nicht dieser Krieg befohlen hätte, dass sie Feinde sind.
Francesco hat sich zu lange Gedanken gemacht. Schon hat ein anderer Ritter zu einem vernichtenden Schlag auf ihn ausgeholt. Dieser Ritter zögert nicht. Er kennt sein Handwerk. Er trifft Francesco am Helm, so dass dieser bewusstlos vom Pferd stürzt.

„Steh auf, du hast nun lange genug Theater gespielt!", dröhnt eine Stimme an Francescos brummenden Schädel. Was ist nur geschehen? Francesco kann sich an nichts erinnern. Er hat starke Kopfschmerzen. Es ist, wie wenn jemand ständig mit einem Hammer auf seinen Kopf schlagen würde.
„Wird's bald", ertönt die unangenehme Stimme von Neuem. Langsam kommen Francesco die Erinnerungen wieder. Er war doch in den Krieg gezogen: Die Fanfaren, der Angriff, der junge Ritter, wie der ihn anblickte, und dann war es plötzlich dunkel.
„Stich ihn doch ab wie eine Sau", hörte er eine andere Stimme, „zu viele Gefangene geben nur unnötige Scherereien!"
„Er scheint aber was Besseres zu sein", vernimmt Francesco wieder die erste Stimme, „wir haben den Befehl, die Reichen zu schonen. Das bringt manchmal Geld."

Jetzt wird es Francesco bewusst, dass er gefangen ist. Assisi hat den Krieg verloren! „Wir, wir haben verloren?", stammelt er.
„Hörst du das! Er fragt, ob er verloren hat! Und wie habt ihr verloren! Zu Dutzenden haben wir euch abgemurkst. Du hast Glück, dass du mit dem Leben davongekommen bist!" Lachend sagt es der eine der beiden.
Dann befiehlt er: „He, du dort, hilf diesem verunglückten Ritterlein da! Es wäre besser bei der Mutter geblieben!"
Sein Lachen bringt Francescos Kopf beinahe zum Zerspringen. Langsam versucht er, die Augen zu öffnen. Erschreckt schließt er sie wieder. Das darf nicht sein! Er hat neben sich den Kopf eines toten Mannes entdeckt. Das war doch der Schreiner Marco aus Assisi. Der, der die schönsten Zupfinstrumente weit und breit anfertigte. Der hatte doch eine Frau und drei Kinder zu Hause. Das darf nicht wahr sein. Doch das Schließen der Augen nützt nichts. Jetzt stöhnt es in der Nähe: „Macht mich doch fertig. Ich habe solche Schmerzen! Ich leb sowieso nicht mehr lange. Habt doch Erbarmen mit mir!"
„So ist also der Krieg!", zuckt es Francesco durch den Kopf. Gerne würde er richtig losheulen. Aber er kann nicht. Er ist zu müde und zu traurig.
„Francesco, wach auf! Ich bin's, Rufino", vernimmt er eine vertraute Stimme an seinem Ohr, „Francesco, lebst du noch?"
„Rufino, was ist geschehen?", fragt Francesco mit erstickter Stimme.
„Wir haben verloren, alles verloren. Nur Blut, wo du hinsiehst. Alles hat keinen Sinn mehr. Der Hauptmann ist tot, rund um ihn liegen die besten Ritter … und Carlo … ist auch tot. Und wir sind in Gefangenschaft."

IM GEFÄNGNIS

Quietschend dreht sich der Schlüssel im Schloss. Der Gefängniswärter öffnet die Türe des Kerkers. Dieser ist ein dunkles, feuchtes Loch, in welchem nun schon seit mehr als einem Jahr die Gefangenen von Assisi schmachten. Der Wärter muss sich erst an die Dunkelheit gewöhnen, bevor er die bleichen, ausgemergelten Gesichter der Gefangenen erkennen kann, die vier Meter unter ihm am Boden sitzen oder auf ihren Pritschen liegen. Es ist einer der größeren Kerker, in welchen man etwa zwanzig Gefangene gesteckt hat. Sie kommen alle aus den besseren Familien in Assisi. Die Verliese, in welchen die einfacheren Kriegsleute liegen, sind viel kleiner und haben trotzdem noch mehr Ratten.
„Hier lasse ich euch das Essen runter!", ruft der Wärter hinab.
„Was gibt's?", fragt eine Stimme.
„Eine kräftige Gemüsesuppe", ist die Antwort.
„Gemüsesuppe?", ruft der Gefangene zurück, „das heißt also, dass es wieder lauwarmes Wasser gibt, in welches man einige Gemüseabfälle geworfen hat. Gibt es hier denn nie etwas Richtiges zu essen? Das Brot ist härter als Marmor und euren ‚kräftigen Suppen' macht jede Regenpfütze Konkurrenz."
„Du kannst ja in ein anderes Verlies gehen und schauen, ob sie es dort besser haben. Mal sehen, ob du keine Angst vor den Ratten hast!", ruft der Wärter ärgerlich zurück.
„Die haben dann wenigstens frisches Fleisch!", gibt ihm der Gefangene zurück, und alle lachen.
Mit einem ärgerlichen Grunzen lässt der Wärter den Kübel runter und wirft die Türe ins Schloss.
Die Gefangenen scharen sich um den Kübel. Jeder hat einen Holzlöffel in der Hand. Die Suppe im Kübel ist tatsächlich alles andere als ein-

ladend. Um nicht zu viel Geld für ihre Gefangenen auszugeben, werfen die Peruginer die Essensreste ihrer Soldaten in einen Kessel mit Wasser und wärmen diese Suppe kurz auf. Einer der Gefangenen beginnt plötzlich zu schreien:

„Ich habe genug, lieber sterbe ich, als dass ich dieses Leben noch länger ertrage. Jedes Schwein in Assisi hat ein schöneres Leben als wir. Ich hänge mich auf, heute noch. Ihr werdet sehen."

Francesco geht zu dem Gefangenen hin. „Beruhige dich. Auch ich habe dieses Leben satt. Ich habe mir mit dieser Nahrung den Magen verdorben. Aber ich denke, dass es mir guttut, dies zu erleben. Wir haben alle immer nur in Saus und Braus gelebt in Assisi."

Dies wird einem älteren Ritter zu viel. Er wirft seinen Löffel nach Francesco: „Was redest du da? Zu gut gelebt! Dummes Zeug. Den Krieg verloren haben wir, weil wir uns von diesen verdammten Peruginern übertölpeln ließen. Aber mit Kindern wie euch kann man keinen Krieg gewinnen. Das ist mir inzwischen klar geworden!"

„Ich hab genug von diesem Krieg", gibt ihm Francesco zur Antwort, „und nicht nur von diesem Krieg. Von jedem Krieg. Denn in jedem Krieg gibt es Besiegte. Und Kerker für die Besiegten, wie unsern hier, die gibt es auch überall!"

„Hör auf zu predigen", erwidert ihm der Ritter, „es wird wieder Krieg geben. Immer wieder. Und eines sage ich dir: Dieser Krieg hier ist auch noch nicht zu Ende. Sobald ich aus diesem verfluchten Loch raus bin, wird er weitergehen. Und dann sollen mich die elenden Peruginer kennen lernen. Für jeden Tag, den ich hier verbracht habe, werde ich eigenhändig einen Peruginer köpfen! Und den Gefängniswärter, den schnappe ich mir zuerst. Ihn werde ich in seiner Suppe ersäufen. Und jetzt will ich meine Ruhe haben von eurem dummen Geschwätz."

Die andern bleiben ruhig. Der Ritter ist der älteste von ihnen und wird im Kerker als Chef anerkannt. Wegen seines mürrischen Wesens ist er allerdings unbeliebt. Francesco beginnt, ein Lied zu singen. Ein anderer Gefangener begleitet ihn dazu auf einer Laute, die er mit ins Gefängnis nehmen durfte. Die andern Gefangenen haben aufgehört zu

essen und hören zu. Wenn Francesco singt, ist es in diesem Kerker am erträglichsten. Dann gibt es auch keinen Streit. Die Gefangenen haben ihr Schicksal nämlich so satt, dass wegen jeder Kleinigkeit der größte Streit ausbricht. Francesco singt seine französischen Lieder. Das beruhigt die Mitgefangenen. Francesco denkt an seine Familie. Er hat Heimweh. Wer in diesem Kerker hat nicht Heimweh! Francesco muss bitter lächeln. Wie sie zu Hause wohl die Botschaft von der Niederlage aufgenommen haben? Die einfachen Leute haben wohl um ihre Toten geweint. Die wurden nicht geschont wie die besseren. Die Tuchhändler und Kaufleute werden fluchen. Durch den Sieg wird Perugia seine Stellung als größte Handelsstadt in Umbrien ausdehnen. Und das heißt für die Kaufleute, dass es weniger zu verdienen gibt.
Eigentlich ging es auch bei diesem Krieg nur ums Geld und nicht um Ritterruhm und Ehre! Wieder muss Francesco bitter lächeln. Was er doch für ein Träumer gewesen war, dass er daran geglaubt hatte! Auf dem Schlachtfeld gibt es keine Ehre zu holen. Dort gibt es nur Tod, Verwundung, Gemeinheit, Plünderung und Verzweiflung. Und am Schluss geht es in jedem Krieg nur um das verdammte Geld! Das Geld! In den letzten fünfzig Jahren hat man in den jungen Städten Italiens immer mehr davon gemacht. Man konnte nicht genug davon kriegen. Je mehr Geld einer hat, umso größer ist sein Ansehen. Und je mehr Geld eine Stadt prägen kann, umso mächtiger ist sie. Und die italienischen Städte haben viel Geld geprägt und sind mächtig geworden. Und jede Stadt will mehr Geld und mehr Macht. Und so hat es in Italien immer mehr Geld und immer mehr Kriege gegeben in den letzten fünfzig Jahren. Nicht etwa große Kriege. Die bezahlt sowieso niemand. Der Kaiser und der Papst haben zu wenig Geld. Wer Geld hat, das sind die Städte. Also bekriegen sie sich gegenseitig, wie eben Perugia und Assisi. Nach diesem Krieg werden viele Handelsleute sagen: Wir wollen unsere Geschäfte in Perugia machen und nicht in Assisi. Die in Perugia sind mächtiger. Weil alle Leute so denken, wird Perugia größer, und noch mehr Geld kommt nach Perugia. In Assisi wird der Handel zurückgehen. Darum werden sie in Assisi einen weiteren

Krieg gegen Perugia führen müssen, und den müssen sie gewinnen. Werde ich dann wieder dabei sein? Francesco hat längst zu singen aufgehört. Die andern Gefangenen dösen vor sich hin. Francesco aber denkt angestrengt nach. Ihm wird klar, dass die Zeiten vorbei sind, in welchen die Ritter die Armen und Wehrlosen beschützten. Vielleicht hat es solche Ritter, von denen er immer geträumt hat, gar nie gegeben. Die Ritter sind auch arm geworden. Das Geld regiert. Und die Ritter kämpfen nur für Geld. Ihre Schwerter bringen keinen Frieden, sondern nur immer neuen Krieg. Das Geld und das Schwert bringen ständig neues Unheil.

„Ein wahrer Ritter", sagt Francesco zu sich selbst, „ein wahrer Ritter müsste ohne Waffen und ohne Geld kämpfen. Ohne Schwert und ohne Geld müssten Ritter für den Frieden kämpfen." Lange denkt Francesco darüber nach. Je mehr er darüber nachdenkt, umso verzweifelter wird er. Denn wie will ein Ritter ohne Schwert kämpfen? Und wie soll ein Armer den Frieden bringen? Die Armen sind nicht viel wert. Man lacht über sie und gibt ihnen ein Almosen. Die Kirche will das so. In Assisi haben die Armen nichts zu sagen. Der Bürgermeister, der Bischof und reiche Männer wie sein Vater regieren dort. Und die wollen Krieg. Sie brauchen den Krieg. Der Friede müsste von den Armen kommen. Aber die Armen sind oft auch geldgierig. Francesco seufzt. Anscheinend gibt es keinen Ausweg. Krieg ist doch eine Notwendigkeit.

„Francesco, wie geht es dir eigentlich? Du bist so ruhig. Bist du wieder krank?" Besorgt kniet Rufino neben den Freund, der auf einer Pritsche liegt.

„Danke, es geht. Ich hab immer so schreckliche Magenschmerzen", erwidert Francesco, „noch mehr als diese beschäftigt mich aber der Gedanke, dass Krieg eine Notwendigkeit zu sein scheint." Francesco setzt dem Freund die Gedanken auseinander, mit denen er sich vorher beschäftigt hat.

„Francesco, jetzt glaube ich tatsächlich, dass du schwer krank bist", ist dessen Antwort, „überhaupt nur an so etwas zu denken, grenzt an

Wahnsinn. Du weißt ganz genau, dass es zwei Stände sind, die etwas zu sagen haben: die Grafen, Könige und Ritter auf der einen Seite und der Papst, die Bischöfe und Äbte auf der andern Seite. Der dritte Stand und vor allem die Armen haben nichts zu sagen."
„Aber die Kaufleute gehören auch zum dritten Stand und haben in Assisi viel zu sagen", erwidert Francesco.
„Die haben viel Geld. Da kann man heutzutage sowieso alles damit machen. Francesco, du hast so komische Ideen. Du hast sicher Fieber. Dass der Arzt aber auch nie kommen will! Ich habe ihn schon vor einer Woche rufen lassen."
In diesem Moment rasselt die Kerkertüre und der Wächter schaut auf die Gefangenen hinab.
„Sauf deine Suppe selbst, wenn du Mut hast", ruft ihm der ältere Ritter zu, „uns vergiftest du nicht mehr!"
„Ich bringe keine Suppe. Der Francesco Bernardone soll heraufkommen. Ich lasse eine Leiter runter."
„Siehst du, jetzt ist der Arzt da", sagt Rufino stolz, „es hat geklappt. Sag ihm, du seist krank und schwach und brauchtest unbedingt eine große Flasche Wein. Dann haben wir alle etwas davon."
Francesco ergreift die Leiter, die heruntergelassen wurde, und steigt mühsam hinauf. Er spürt, wie sehr ihn die Gefangenschaft geschwächt hat. Der Wärter, ein knochiger Mann mit einem gelblichen Gesicht, hilft ihm die letzten Sprossen hinauf und flüstert ihm ins Ohr: „Ich habe ein gutes Wort für dich eingelegt. Ich hoffe, du wirst dich dafür erkenntlich zeigen. Du scheinst ja aus reichem Hause zu kommen. Ich kann nämlich sehr viel erreichen. Je nachdem, wie ich von einem Gefangenen rede, kommt er früher frei oder bleibt für immer drin. Mit einigen Silberstücken hat schon mancher viel erreicht."
Kichernd zieht der Wärter die Leiter wieder hoch und führt Francesco anschließend in die Wachstube. Dort erwarten ihn zwei Männer. Der eine, ein vornehmer Ritter, scheint der Vorsteher des Gefängnisses zu sein. Der andere, ein älterer kahlköpfiger, buckliger Mann in einem schwarzen Rock ist der Arzt.

„Du bist Francesco Bernardone?", fragt der Ritter. Auf sein Kopfnicken hin fährt er weiter fort: „Du bist tatsächlich eher eine Vogelscheuche als ein Mann. Los Doktor, untersuche ihn!"

Der Doktor befiehlt Francesco, sich niederzusetzen, und beugt sich über ihn. Er befiehlt ihm, die Zunge herauszustrecken, und betrachtet sie lange.

„Los, was hat er?", fragt der Ritter.

„Das kann ich doch noch nicht sagen", erwidert der Arzt, „ich muss ihn noch länger examinieren."

„Was musst du?"

„Examinieren. In unserer Wissenschaft, die ich an der neuen Universität in Montpellier studiert habe, nennen wir eine eingehende medizinische Untersuchung so", erwidert der Arzt würdevoll. Zu Francesco gewendet, sagt er: „Mach einmal einige Schritte!"

Francesco versucht, sich in der kleinen Wachstube zu bewegen. Der Arzt betrachtet ihn dabei nachdenklich und schüttelt dann den Kopf.

„Los, was ist mit ihm?", fragt der Ritter.

„Ruhe", verkündet der Arzt ernst, „die Examination erfordert äußerste Ruhe."

Der Ritter macht ein dummes Gesicht und sagt dann barsch zum Wächter, der neugierig die Untersuchung mitverfolgt: „Raus!"

Unterdessen schaut der Arzt Francesco lange in die Augen und beginnt an seinem Kopf an verschiedenen Stellen zu drücken. „Tut's weh?", fragt er Francesco.

„Mich schmerzt nicht der Kopf, sondern der Magen", gibt der zur Antwort.

„Ruhe", befiehlt der Arzt, „hier wird nicht widersprochen!" Dann setzt er sich eine Weile hin und wiegt dabei seinen Kopf hin und her.

„Los, wird's bald! Was hat er?", fragt der Ritter immer ungeduldiger.

„Wie ich's mir gedacht habe, wie ich's mir gedacht habe!" Triumphierend schaut der Arzt den Ritter an, „Ziegenpeter oder Parotitis Epidemica, wie wir Gelehrten untereinander diese Krankheit zu nennen pflegen. Diese Krankheit haben wir erst vor einigen Jahren entdeckt. Sie ist äußerst ansteckend." „Was heißt das?", fragt der Ritter, „macht er es noch lange?"

„Das kann man nie sagen, das kann man nie sagen." Wiederum wiegt der Arzt bedächtig sein Haupt.

„Dann schicken wir den Kerl heim", entscheidet der Ritter, „ich will keine Seuchen in meinem Gefängnis. Mir ist lieber, der Kerl stirbt unterwegs, oder er steckt ganz Assisi an. Damit wäre uns am meisten geholfen."

Zu Francesco gewendet, fährt er fort: „Wenn du deine Waffen und dein Geld, das wir dir abgenommen haben, nicht mehr willst, kannst du gehen. Für dein Pferd haben wir sowieso schon längst eine bessere Verwendung gefunden!"

„Wer bezahlt mein Honorar, wer bezahlt mein Honorar?" Gierig reckt der Arzt seinen Kopf nach vorne, „schließlich bin ich einer der gelehrtesten Ärzte Italiens!"

„Geh zum Teufel, alter Quacksalber!" Mit diesen Worten wirft der Ritter dem Arzt einige Münzen hin, die jener schnell aufliest und sich mit einer Verbeugung aus dem Staube macht.

Francesco hat noch gar nicht begriffen, was geschehen ist. Unschlüssig steht er in der Wachstube. Ihm sind nur zwei Dinge klar geworden: dass er sich erstens mit der Gefängnisnahrung den Magen ruiniert hat und darum krank ist und dass es zweitens auch den so genannten großen Gelehrten nur ums Geld geht. Der Kranke ist ihnen gleichgültig. Hauptsache ist, dass sie mit ihrem großen Wissen angeben können.

„Was stehst du noch herum?", fährt ihn der Ritter an. „Ich will mich von deiner verfluchten Krankheit nicht anstecken lassen. Mach, dass du wegkommst!"

Und schon steht Francesco draußen. Im ersten Moment sieht er gar nichts. Alles ist hell um ihn. Die Augen sind noch zu sehr an die Dunkelheit gewöhnt. Er breitet die Arme aus und jubelt: „Die Sonne, die Sonne! Ah, wie bist du schön!"

DER FRIEDENSTRAUM

Die Sonne verbreitet schon ihr Abendrot, als Francesco die großen Mauern seiner Heimatstadt sieht. Weit überragt der Turm der Bischofskirche die ganze Stadt. Francesco überlegt sich, wie er unbemerkt in die Stadt hineinkommen könnte. Mehr als ein Jahr ist es her, seit die jungen Krieger unter viel Hurrarufen Assisi verlassen haben. Damals hat er noch von einem heldenhaften Einzug geträumt, den er nach seinem großen Sieg in Assisi halten wollte. Wie hat sich doch in der Zwischenzeit alles verändert! Auch er hat sich verändert. Francesco hat bitter erfahren, dass es die Ritter, von denen er geträumt hat, gar nicht geben kann. Ob es seine Eltern auch begreifen werden? Was wird der Vater zu seiner Rückkehr sagen?

In Gedanken versunken hat sich Francesco Assisi genähert. Da hört er, wie ein Wächter auf dem Turm laut in die Stadt hineinruft: „Der Francesco kommt zurück!" Jetzt ist es zu spät. Am liebsten würde er sich verstecken. Doch Francesco muss in die Stadt, nach Hause. Beim Stadttor wartet schon eine Menge Leute auf ihn.

„Wie geht es unsern Männern in Perugia?"

„Wie bist du da herausgekommen?"

„Hast du die Peruginer überlistet?"

Ein Schwall von Fragen ergießt sich über Francesco. Er kann sie gar nicht beantworten. Eine alte, schwarzgekleidete Frau ist bis zu ihm vorgedrungen. Sie zupft Francesco am Ärmel. „Was macht Carlo? Nicht wahr, es geht ihm gut? Die andern sagen, er sei tot. Sag mir, dass das nicht stimmt!" Zwei schwarze Augen schauen voll Hoffnung zu Francesco auf. Was soll er sagen? Am liebsten würde er weinen. Doch in dem Augenblick schiebt ein großer Mann die Mutter von Carlo einfach zur Seite. „Platz da!", ruft der Bürgermeister, „willkommen zu Hause, Francesco. Du siehst schwach aus. Doch wir werden dich

schon wieder herrichten. Und dann gehts auf nach Perugia. Den Kerlen wollen wir's zeigen. Wir rüsten auf nächstes Jahr einen neuen Feldzug. Doch erzähle mir jetzt, wie es den andern Gefangenen geht!"
Schnell gibt Francesco die gewünschten Auskünfte. Ihm ist nicht wohl. Der harte, militärische Ton des Bürgermeisters tönt unangenehm in den Ohren. Mitten im Erzählen sieht er eine Frau die Straße herunterrennen.
„Mutter!", ruft Francesco und eilt ihr entgegen. Mitten auf der Straße fällt er ihr in die Arme und bricht in Tränen aus. Er schämt sich nicht zu weinen, denn erst jetzt ist er richtig zu Hause.
„Zum Glück bist du wieder da, Francesco, wir haben solche Angst um dich gehabt", schluchzt die Mutter, „und wie mager du bist, du siehst krank aus!"
„Ich hab mir den Magen verdorben, Mutter", erklärt Francesco, „aber das wird schon wieder werden!"
„Francesco", ruft eine Stimme hinter ihm. Francesco dreht sich um. Nun ist auch der Vater gekommen und schließt überglücklich seinen Lieblingssohn in die Arme. Auch er kann sich nicht gegen einige Tränen wehren. „Francesco, gut, dass du wieder da bist", fährt der Vater fort, „wir haben solche Angst um dich gehabt. Ich hab's ja immer gesagt: Wir Bernardones sind einfach keine Krieger. Wir sind geborene Kaufleute. Uns liegt das Handeln mehr als das Kämpfen. Wir ziehen das Geld dem Schwert vor, nicht wahr?" Lächelnd streichelt Pietro Bernardone seinem Sohn mit der rechten Hand den Kopf.
Was soll Francesco antworten? Er hat eingesehen, dass Geld und Schwert zusammenhängen. Soll er schon jetzt, kaum, dass er richtig zu Hause ist, mit seinem Vater Streit anfangen? Das kann er nicht. Zudem liebt er seinen Vater. Er genießt es, dass dieser ihm keine Vorwürfe macht und ihn spüren lässt, dass er ihn liebt.
Zu Hause warten auch Angelo und Rustico auf Francesco. Rustico freut sich, dass der ältere Bruder wieder da ist. „Jetzt ist dann wieder etwas los in Assisi", begrüßt er ihn, „ohne dich war es hier wie ausgestorben. Es wollte kein richtiges Fest mehr zustande kommen."

An die Freunde und die großen Feste hat Francesco gar nicht mehr gedacht. Ob er wieder so leben soll wie vorher? Irgendwie hat er gar keine Lust dazu. Wieder wird er in seinen Gedanken gestört. Auch Angelo will ihn begrüßen:
„Willkommen, König Artus", ruft er, „doch wo hat der Herr König sein Pferd gelassen?" Spöttisch lächelnd reicht er ihm die Hand.
„Angelo, nimm dich zusammen oder geh raus!", weist ihn der Vater zurecht, „sei froh, dass dein Bruder wieder hier ist. Jetzt wollen wir in Frieden essen und im Tischgebet danken, dass Francesco wieder bei uns ist!" Francesco ist erstaunt. Tischgebet! Das hat es vorher nie gegeben bei Bernardones. Sein Vater hat doch immer gesagt: „Ein guter Braten schmeckt auch ohne Tischgebet und ein schlechter Braten wird durch alles Beten nicht besser." Offensichtlich hat die Gefangenschaft Francescos den Vater doch sehr beschäftigt und hat auch ihn verändert.
Während des Essens ergreift der Vater das Wort: „Ich habe es mir überlegt, Francesco. Zuerst einmal musst du dich ausruhen und gesunden. In den nächsten Feldzug gehst du nicht mehr. Wir wollen einen guten Kaufmann aus dir machen, dass du einmal mein Geschäft übernehmen kannst!"
„Hoffentlich hat er damit mehr Erfolg als im Krieg", murmelt Angelo. Ein strafender Blick des Vaters bringt ihn zum Schweigen.
Francesco hat die giftige Bemerkung von Angelo gar nicht gehört. Er gähnt müde. Bald steigt er, schon halb schlafend, in seine kleine Kammer. Zum ersten Mal seit langer Zeit schläft er wieder in einem richtigen Bett.

Am folgenden Tag steht die Sonne schon hoch am Himmel, als er erwacht. In der Küche erwartet ihn lachend die Mutter: „Es ist schon drei Uhr nachmittags. Wir haben bereits gegessen. Aber ich habe etwas aufbewahrt für dich. Deine alten Freunde rennen mir übrigens schon den ganzen Tag die Tür ein. Sie wollen dich unbedingt sehen. Sie haben für heute Abend ein Fest vorbereitet, dir zu Ehren."

Francesco isst, während die Mutter redet. Beim Stichwort „Fest" beginnt er etwas Unverständliches zu murmeln. Anständig tönt es allerdings nicht.
Die Mutter sieht ihn erstaunt an: „Was ist mit dir los? Früher warst du doch bei jedem Fest begeistert dabei!"
Da vertraut sich Francesco der Mutter an. Er erzählt ihr, was er sich in der langen Gefängniszeit so alles gedacht hat. Sie versteht ihn nur zu gut, wiegt bedächtig ihren Kopf und sagt: „Francesco, überleg dir gut, was du hier zu Hause erzählst. Vater wird deine Gedanken nie verstehen können! Geh jetzt lieber ein wenig auf die Straße zu deinen alten Freunden! Das wird dich etwas aufheitern."
Auch Francesco möchte seine Vaterstadt wieder richtig begrüßen. Doch kaum ist er auf der Straße, spricht ihn schon ein Goldschmied an: „He, Francesco, wie war's in Perugia? Siehst nicht gut aus. Aber keine Angst. Die Peruginer werden ihren Sieg vom vergangenen Jahr noch bitter bereuen!"
Kaum hat der Goldschmied fertig gesprochen, kommt schon Giuseppe gerannt. Er ist ein Jugendfreund von Francesco. Früher haben sie viel zusammen gelacht und gesungen: „Francesco, endlich bist du wieder da. Ah, das wird ein Fest heute Abend. Da musst du wieder unser Chef sein. Ohne dich wollte einfach nie so richtig gute Stimmung aufkommen. He, warum sprichst du denn nichts?"
„Ich brauche viel Zeit zum Nachdenken; daher bin ich ruhiger geworden", antwortet ihm Francesco.
„Nachdenken, nachdenken", äfft Giuseppe nach, „was soll denn das? Hast du dazu nicht genug Zeit gehabt im Gefängnis? Jetzt wird wieder gefeiert!"
„Du musst entschuldigen, aber ich möchte jetzt allein sein", entgegnet Francesco und geht weiter. Er will möglichst schnell wieder zur Stadt hinaus. Doch schon nach einigen Metern wird er wieder gestoppt.
Der Verwalter des Bischofs spricht ihn an: „Wohin denn so schnell, Francesco? Du siehst ja ganz mitgenommen aus! Ja, ja, der Krieg. Der macht noch alles kaputt. Aber so weit kommt es eben, wenn die Leute

nicht mehr auf den Papst und die Bischöfe hören wollen. Ich habe immer gesagt …"

Doch das interessiert Francesco im Moment überhaupt nicht. Wie wird er das alte Klatschmaul nur los? Da hat er eine Idee: „Entschuldigung, aber ich muss in die Kirche." Das wird der alte Frömmler wohl gelten lassen. Francesco rennt jetzt richtig gehend zur Stadt hinaus. An allen Leuten vorbei, die nur kopfschüttelnd stehen bleiben oder ihm etwas nachrufen. Draußen, vor der Stadt, bleibt er schwer atmend stehen. Wohin soll er? Warum eigentlich nicht in eine Kirche? Dort ist es immer schön ruhig. Niemand wird ihn stören. Seit über einem Jahr war er in keiner Kirche mehr. Wie gerne hätte er während der Gefangenschaft einmal an einem Gottesdienst teilgenommen. Hier in der Nähe hat es doch eine alte Kapelle. Wie heißt sie noch? Richtig: die Kirche des heiligen Damian, San Damiano. Der Weg ist nicht allzu weit. Er führt durch einen Olivenhain hindurch, und schon steht er vor der kleinen Kapelle. Sie ist zwar sehr heruntergekommen. In den Mauern hat es Risse und auf dem Dach fehlen einige Ziegel. Doch in der Kirche ist es schön kühl. Mittendrin hängt immer noch das alte schöne Kreuz. Francesco setzt sich und denkt nach, immer wieder über dieselbe Frage: Ist es möglich, ein Ritter zu sein, der ohne Schwert und ohne Geld Frieden in die Welt bringen kann? Oder ist auch dies nur ein Traum mehr, der zum Scheitern verurteilt ist? Francesco schaut nach vorne zum gekreuzigten Jesus. „Weißt du es etwa?", schießt ihm der Gedanke durch den Kopf. „Nein, deine Bischöfe und der Papst sind geldgierig wie alle andern auch. Und Krieg führen die Bischöfe und Äbte auch. Manchmal kämpfen sie sogar gegeneinander. Da ist wohl nichts zu holen."

Francesco denkt nach. „Steckt nicht Gold, Silber und Kupfermünzen in euren Gürtel! Nehmt keine Vorratstasche mit auf den Weg, kein zweites Hemd, keine Schuhe, keinen Wanderstab!"

Francesco blickt erstaunt auf. Wer hat so zu ihm gesprochen? Er ist doch allein in der Kirche. Und trotzdem ist ihm, wie wenn er etwas hörte. Was ist denn los? Es ist plötzlich viel heller geworden in der

Kapelle. Jesus am Kreuz scheint zu leuchten. Der bewegt sich doch! „Francesco, baue meine Kirche wieder auf!" Hat das Jesus zu ihm gesagt?

Francesco ist wie betäubt. Was hat das alles zu bedeuten? Ist er das Opfer einer Sinnestäuschung geworden? Doch, das ist ja die Lösung, was er da zu hören glaubt! Keinen Besitz mehr haben! Wer keinen Besitz hat, der muss auch nichts verteidigen. Und wer nichts verteidigen muss, der kann im Frieden leben. Und kann den Frieden sogar andern Menschen bringen. Francesco jubelt. Er hat gefunden, wonach er sucht. Freiwillig arm werden. Das ist die Lösung. Nicht wie die Bettler, die ständig vom Reichtum träumen. Francesco will ein Armer werden, der nicht mehr kämpfen muss und der so den Frieden bringen kann. Jesus hat gezeigt, dass dies möglich ist. Und dieser Jesus hat ihn ermutigt, dasselbe zu tun. Auch wenn die Priester selbst dauernd ans Geld denken: Jesus war ein Armer, und er hat immer zu den Armen gehalten. Doch was soll das heißen, was da Jesus noch zu ihm gesagt hat? Er soll die Kirche wieder aufbauen. Soll er die geld- und machthungrigen Kirchenfürsten zum Besseren bekehren? Wenn Francesco nur an den Bischof Guido von Assisi denkt, scheint ihm dies aussichtslos. Francesco schaut sich in der halbzerfallenen Kapelle um. Dann schlägt er sich mit der Hand an die Stirn. Der Fall ist doch klar. Er soll diese Kapelle hier wiederherrichten. Er soll den Dreck aus der Kirche wischen und die Mauern ausbessern. Dass er nicht gleich daran gedacht hat! Sogleich beginnt Francesco mit der Arbeit und macht aus einigen Ästen einen Besen, mit welchem er den gröbsten Dreck aus der Kirche herauskehrt. Als er bei Sonnenuntergang seine Arbeit einstellt, sieht die Kirche schon wieder viel schöner aus. Morgen wird er Mörtel und neue Ziegelsteine besorgen.

Voll Freude macht sich Francesco auf den Heimweg. Dabei singt er eines seiner französischen Lieder. Am Eingang der Stadt sprechen ihn einige Freunde an. Francesco nimmt sie gar nicht wahr. „Was ist mit dir los? Bist du verliebt, dass du so in Träumen schwebst?", fragen sie ihn.

„Ja, ich bin verliebt!", jubelt Francesco.
„Wie heißt denn die Glückliche?", bestürmen sie ihn.
„Armut", gibt Francesco trocken zurück.
Die Freunde bleiben mit offenen Mündern stehen. Jetzt ist auch dem Letzten klar geworden, dass Francesco in Perugia durchgedreht ist.

OHNE VATER

Am andern Morgen ist Francesco schon früh auf den Beinen. Seine Familie schläft noch. Doch Francesco muss unbedingt Ziegelsteine, Mörtel und Werkzeug kaufen, damit er an seinem Kirchlein weiterflicken kann. Er ist schon aus dem Haus, da kommt ihm in den Sinn, dass er ja gar kein Geld hat. Wo soll er es hernehmen? So viel braucht er auch nicht, und in der Ladenkasse hat es genug. Der Vater hat so viel Geld für seine Feste ausgegeben. Da wird ihn das wenige für die Kirche sicher nicht reuen. Francesco nimmt eine Hand voll Kupfermünzen und verlässt das Haus.
Zuerst macht er noch einen wichtigen Besuch. Er geht bei Bischof Guido von Assisi vorbei. Schließlich gehört das Kirchlein dem Bischof. Da will er das Ganze lieber mit ihm besprechen. Am bischöflichen Palast will man ihn zuerst nicht einlassen. „Es ist ganz unmöglich, lieber Francesco", sagt ihm der Verwalter, „der gnädige Herr Bischof hat gestern Nacht bis in den Morgen hinein gebetet und ist noch ermüdet. Kannst du nicht erst am Nachmittag kommen?"
„Nein, es ist dringend", Francesco beharrt auf seinem Anliegen.
„Ich will es versuchen, aber nur ausnahmsweise und dir zuliebe."
Schon ist der Verwalter verschwunden. Es vergeht beinahe eine Viertelstunde, bis er wiederkommt.
„Komm mit mir, der Bischof ist soeben aufgestanden." Mit diesen Worten führt er ihn durch das schöne Schloss. Sie kommen durch einen Rittersaal, in welchem noch halbvolle Weingläser stehen. Knochen und Bratenstücke liegen ebenfalls mitten auf dem Tisch. Francesco lächelt. Der Bischof scheint also wenigstens nicht allein die halbe Nacht gebetet zu haben. Dem Verwalter ist es offensichtlich peinlich. Schnell klopft er an eine Tür. Aus dem Zimmer ertönt ein müdes „Herein".
Jetzt steht Francesco vor dem Bischof. Dieser empfängt ihn freundlich, wenn er auch ab und zu ein Gähnen unterdrücken muss. „Du

musst entschuldigen, Francesco, aber ich hatte eine anstrengende Nacht. Was ist dein Anliegen?"

„Ich möchte die Kapelle San Damiano wiederherstellen, Herr Guido." Francesco erzählt dem Bischof sein gestriges Erlebnis. „Ich möchte in Zukunft arm leben und für den Frieden kämpfen, den wir hier alle so dringend nötig haben."

„Du gefällst mir, Francesco", erwidert der Bischof, „vor allem, weil du den Mut hast, Dinge zu tun, die man eigentlich von mir erwarten würde. Aber du hast ja vorhin im Rittersaal gesehen, dass ich auch nur ein Mensch bin. Ich esse und trinke gar zu gern. Umso mehr freut es mich, dass du den Mut hast, solche Pläne zu fassen. Ich hoffe nur, dass sie nicht zu schwer werden für dich. Wenn ich dir aber helfen kann, bin ich gern bereit."

Als Francesco den Bischof verlässt, ist er voll Tatendrang. Er eilt nach San Damiano. Da hört er Glöcklein klingen. Das bedeutet, dass ihm ein Aussätziger entgegenkommt. Diese haben Glöcklein an ihrem Gewand, damit man sie schon von Weitem hört. So kann ihnen jeder ausweichen. Die Leute haben Angst, den Aussätzigen zu nahe zu kommen. Niemand will sich anstecken lassen. Wenn sie betteln, haben darum die Aussätzigen eine lange Stange mit einem Beutel daran, den sie den Leuten entgegenstrecken können. Die Aussätzigen leben ein sehr einsames Leben. Manchmal baut eine Stadt auch ein Haus, weit weg von allen andern Menschen, in welchem sie zusammenleben können. Die offenen Geschwüre der Aussätzigen verbreiten einen solchen Gestank, dass ihnen niemand zu nahe kommen will. Auch Francesco will dem Aussätzigen aus dem Wege gehen. Da kommt ihm in den Sinn, dass Jesus den Aussätzigen immer geholfen hat. „Ich bin ja arm geworden, dass ich nichts mehr zu verteidigen habe", denkt er sich. „So muss ich auch keinen Menschen mehr fürchten. Und doch fürchte ich mich vor einem Aussätzigen. Also bin ich immer noch reich. Gerade dieser Aussätzige braucht andere Menschen besonders. Soll ich hingehen und ihm einen Kuss geben?" Francesco läuft ein Schauer den Rücken hinab, als er diese

Möglichkeit erwägt. Aber die Idee hat sich in seinem Hirn nun einmal festgesetzt. Er muss diesen Aussätzigen küssen. Sonst kann er nicht behaupten, dass er mit allen Menschen in Frieden lebt. Er geht dem Aussätzigen nicht aus dem Weg, sondern marschiert direkt auf ihn zu. Vor ihm bleibt er stehen, umarmt ihn und gibt ihm einen Kuss. „Der Friede sei mit dir!", wünscht er ihm. Der Aussätzige weiß gar nicht, was mit ihm geschieht. Jemand, der nicht diese Fäulnis am Leib mit sich herumträgt, wagt ihn zu küssen. Er beginnt zu weinen. Auch Francesco ist ganz glücklich. Von jetzt an will er öfters die Aussätzigen in ihren Häusern besuchen, sie waschen und ihnen Pflaster auf die Geschwüre legen. Der Aussätzige hat ihn etwas gelehrt. Mit Menschen, denen man aus dem Weg geht, lebt man nicht in Frieden. Das Erlebnis beflügelt ihn. Jetzt will er an seiner Kirche bauen. Schon eine Stunde später ist er an der Arbeit und beginnt, das Dach abzutragen. Doch am frühen Nachmittag ist er ermüdet. Die Folgen seiner Gefangenschaft sind noch nicht verschwunden. So legt er sich ein wenig ins Gras und ruht sich aus.

Kurze Zeit später weckt ihn eine wütende Stimme auf: „Wo ist der verdammte Bengel? Francesco, ich weiß, dass du hier bist!" Der Vater ist mit einigen Männern gekommen. Er hat einen Knüppel in der Hand. Schon hat er ihn im Gras entdeckt. Bevor Francesco richtig aufstehen kann, hat er ihn am Kragen gepackt. „Wart, ich will dir, Bürschchen! Was fällt dir eigentlich ein, mir Geld zu stehlen, willst du endlich reden? Sprich!"
„Ich hab's gar nicht gestohlen. Ich wollte nur die Kirche hier etwas ausbessern!" Francesco zittert wie Espenlaub.
„Was? Die Kirche ausbessern. Dann stimmt's, was der bischöfliche Verwalter, dieses Klatschmaul, in der ganzen Stadt erzählt. Alles lacht über mich. Die Kirche ausbessern! Mit meinem Geld! Die Pfaffen haben genug Geld, um ihre Kirchen auszubessern. Wie kommst du auf solch hirnlose Ideen?" Pietro Bernardone steigert sich immer stärker in seine Wut.

„Vater, ich will arm leben, für den Frieden kämpfen. So wollte ich als Erstes diese Kirche ausbessern." Francesco stottert aufgeregt alles Mögliche durcheinander.

„Hör ich recht? Arm leben willst du? Und klaust dabei mein Geld? Das ist mir eine rechte Armut! Wer hat dich auf so dumme Ideen gebracht? Sprich!" Drohend schwingt der Vater den Knüppel.

„Es sind meine Ideen, Vater. Ich habe genug vom Geld, ich habe genug vom Krieg, ich möchte …"

Francesco kann nicht zu Ende sprechen. Der Knüppel hat ihn zum ersten Mal getroffen. Dazu schreit der Vater: „Ich will dich lehren. Alles habe ich dir gegeben. Dich mehr geliebt als deine Brüder. Und du tust mir das an. Jetzt reicht's, jetzt treib ich dir deine Flausen ein für alle Mal aus!" Bei jedem Satz schlägt der Vater zu. Und Francesco schreit jedes Mal laut auf.

„Beruhige dich, Pietro! Du kannst doch deinen Sohn nicht erschlagen!" Die Männer fallen ihm in den Arm und halten ihn fest.

Das bringt ihn zur Einsicht. Auch er beginnt jetzt zu weinen: „Was habe ich nur falsch gemacht? Mein Sohn hat doch immer alles gehabt! Er könnte ein angesehener Kaufmann und ein glücklicher Mann werden! Warum tut er mir das an?"

Ein trauriger Zug kehrt nach Assisi zurück. Niemand spricht mehr ein Wort. Neugierige Blicke empfangen die Männer in der Stadt. Pietro Bernardone beißt auf die Zähne. Hinter seinem Rücken tuscheln die Leute. Zu Hause angekommen, nimmt der Vater Francesco wieder am Kragen und führt ihn in den Keller. Dort sperrt er ihn ein. Den Schlüssel behält er bei sich. Niemand darf seinen Sohn besuchen.

So hat er noch eine Hoffnung, dass sich sein Sohn ändern wird. „Mit dieser Rosskur wird er wohl zur Vernunft kommen", denkt er sich.

Francesco ist zum zweiten Mal in Gefangenschaft. Nur ist er jetzt der Gefangene seines Vaters. Zum Glück muss dieser bald darauf auf eine Geschäftsreise. Er gibt den Schlüssel der Mutter. Sie darf Francesco nur das Essen bringen und ihn auf keinen Fall aus seinem Gefängnis herauslassen.

Francesco hat wieder viel Zeit zum Nachdenken. Wie dumm war es von ihm, das Geld des Vaters zu nehmen. Er wollte doch arm leben. Aber wie kann er arm sein, wenn er gleichzeitig einfach Geld vom Vater nimmt? Etwas wird ihm klar und macht ihn traurig: Sein Vater will um jeden Preis einen Kaufmann aus ihm machen. Ein Kaufmann muss aber sein Gut gegen Räuber verteidigen. Ein Kaufmann in Assisi ist für den Krieg gegen Perugia. Wer viel Geld hat, kann nicht für den Frieden sein. Und was wichtig ist: Ein Kaufmann liebt sein Geld mehr als Gott und die Menschen. Francesco muss sich von seinem Vater trennen. Eigentlich hat er sich schon getrennt von ihm. Das Geld des Vaters hat sie getrennt. Francesco will freiwillig ein Bettler werden. Er will nur noch von dem leben, was die Leute ihm schenken. Francesco wird sein ganzes Leben lang kein Geldstück mehr anrühren. Dieses verhasste Geld, das schon so viel Unglück gebracht hat! Es hat den Krieg zwischen ihm und dem Vater begründet und es hält den Krieg zwischen Perugia und Assisi aufrecht. Francesco hat sich entschieden. Trotzdem muss er weinen. Es ist schwer, seinen Vater zu verlieren. Doch der Vater würde nie in seine Pläne einwilligen. Er muss seinen Weg gehen. Doch noch ist er ein Gefangener. Mit der Mutter bespricht er sich oft in diesen Tagen. Auch ihr bricht es beinahe das Herz, wenn sie von Francescos Plänen hört. Doch nach einigen Wochen lässt sie ihn frei. Ein wenig Geld muss er allerdings von ihr annehmen. So ist sie doch ein bisschen beruhigt. Francesco geht schnurstracks nach San Damiano und baut an seiner Kirche weiter.

Nach einigen Tagen kommt der Vater zurück. Sein erster Gang führt in den Keller. Wütend kommt er in die Küche hinaufgestürmt: „Wo ist er, wo ist er?" Die Mutter zuckt verängstigt mit den Achseln. Doch der Vater ist schon wieder auf der Straße. Er geht zum Bürgermeister und verlangt, dass der seine Herolde ausschicke, um Francesco gefangen zu nehmen.
„Aber, Pietro, das kann ich doch nicht tun, der Junge hat doch nichts gestohlen", versucht der Bürgermeister den Vater zu beruhigen.

„Er trägt noch immer die Kleider, die ich bezahlt habe, und er wird sicher auch etwas von meinem Geld bei sich tragen", entgegnet Pietro Bernardone hart.

„Überleg es dir noch einmal! So gewinnst du die Liebe deines Sohnes nicht zurück", gibt der Bürgermeister zu bedenken.

„Ich habe es mir überlegt. Wenn er mich nicht mehr liebt, so soll er mir wenigstens gehorchen." Der Vater bleibt hart. Dem Bürgermeister bleibt nichts anderes übrig, als seine Herolde, wie die Polizisten damals hießen, auszuschicken. Doch diese kehren erfolglos zurück. Sie haben die Umgebung von San Damiano genau abgesucht und niemanden gefunden. Inzwischen weiß schon die ganze Stadt, was vorgefallen ist. Alle verfolgen mit Spannung den Familienstreit.

Gegen Abend erscheint ein Bote beim Bürgermeister.

„Francesco lässt ausrichten, dass er sich in den Dienst Gottes gestellt habe und damit nicht mehr dem Gericht des Bürgermeisters unterstehe!", verkündet er.

„Dummes Zeug!", braust Pietro Bernardone auf, „der Bengel soll sofort herkommen!"

„Pietro, du weißt ganz genau, dass wir zwei Gerichte haben. Ich kann niemanden richten, der sich in den Dienst der Kirche gestellt hat. Dieses Recht steht nur dem Bischof zu", klärt ihn der Bürgermeister auf.

„Was soll denn das? Mein Sohn ist doch kein Mönch", murrt der Vater, „er ist jung und ungestüm. Auch wir haben Fehler gemacht. Er soll wieder zurückkommen."

„Pietro, es gibt nichts anderes. Du musst zum Bischof", weist ihn der Bürgermeister zurecht.

„Dann soll er mir aber auf Heller und Pfennig alles zurückgeben."

Mit diesen Worten geht der Vater zum bischöflichen Palast. Dort erhebt er Anklage gegen seinen Sohn. Der habe ihm Geld gestohlen. Der Bischof hört zu und lädt den Vater und den Sohn zum Gericht auf den folgenden Tag ein.

Am andern Tag hat sich schon eine Riesenmenge vor dem bischöflichen Palast versammelt. Alle sind gespannt, wie der Streit wohl ausgehen

wird. Sogar Wetten werden abgeschlossen. Pietro Bernardone wartet ungeduldig auf seinen Sohn. Da, ein Raunen geht über den Platz. Francesco ist erschienen. Der Vater möchte am liebsten auf ihn losrennen. Zum Glück halten ihn Freunde zurück. Jetzt kommt auch der Bischof. Er hat auf einem Stuhl vor seinem Palast Platz genommen und fordert nun Pietro Bernardone auf, seine Anklage vorzutragen. „Mein Sohn Francesco hat Geld von mir gestohlen und ich verlange, dass er es mir zurückgibt und dass er bestraft wird", ruft der Vater so laut, dass alle Leute es hören.
„Gut, das kann ich tun", antwortet Francesco ruhig und verschwindet im bischöflichen Palast. Die Spannung in der Menge wird unerträglich. Was macht er im Palast? Doch, da kommt er schon wieder. Ein Aufschrei geht durch die Menge, und die Frauen schauen alle auf den Boden. Francesco kommt nämlich splitternackt aus dem Palast heraus. Die Kleider trägt er auf dem Arm. Dann geht er zu seinem Vater und sagt laut: „Hier hast du dein Geld und auch meine Kleider. Das ist alles, was ich von dir habe. Doch etwas musst du wissen: Von jetzt an werde ich nie mehr sagen ‚mein Vater, Pietro Bernardone'. Von jetzt an werde ich nur noch sagen ‚unser Vater, der du bist im Himmel'. Ab heute bist du nicht mehr mein Vater."
Die Leute auf dem Platz werden unruhig. Die einen klatschen, andere pfeifen. Der Bischof geht schnell auf Francesco zu und legt seinen Mantel um ihn. Die Sache ist ihm doch etwas peinlich.
Der Vater kehrt traurig heim. Was soll er mit dem Geld und den Kleidern? Er wollte doch seinen Sohn wiederhaben. Wütend wirft er alles in eine Ecke.
Francesco geht mit dem Bischof in den Palast. Dort erhält er eine Kutte aus rauem Sacktuch, wie er es gewünscht hat. Jetzt ist er frei. Francesco hat keinen Vater mehr. Er hat nur noch Gott. Dies macht ihn traurig und glücklich zugleich.

ARMUT

Für Francesco hat eine harte Zeit begonnen. Er merkt, dass es einfach ist, sich für ein Leben in Armut zu entscheiden. Schwierig ist es, dieses Leben auch durchzuhalten. Er trägt die harte, raue Kutte, die ihm der Bischof geschenkt hat. Die kratzt ganz schön. Schuhe hat er auch keine mehr. Francesco hatte früher einmal die besten Kleider getragen. Jetzt läuft er herum wie der einfachste Bettler. Um zu leben, muss auch er betteln. Das ist natürlich eine Sensation, wenn er in Assisi bettelt. Seine früheren Freunde lachen ihn aus, machen Witze:
„Na, wie geht's deiner Frau, der Armut? Die wird dir heute Abend sicher ein saftiges Stück Fleisch braten!"
„Francesco, wir glauben dir, dass du die ausgefallensten Ideen von uns allen hast. Du kannst jetzt mit dem Theater aufhören."
Solche und andere Sprüche hört Francesco, wenn er täglich in Assisi um Essen bittet. Der Speisezettel ist nicht fürstlich: Brotreste, kalte Gemüsereste, ein Knochen, an dem noch Fleisch hängt, und ab und zu ein halbfauler Apfel ernähren ihn tagtäglich. Zu Beginn seines neuen Lebens konnte er diese Dinge kaum essen. Seinem Magen sind die spärlichen Bissen nicht zuträglich. Doch inzwischen hat er sich daran gewöhnt. Und wenn er wieder einmal Mühe hat, diese Sachen zu essen, dann macht er sich über sich selbst lustig. Er stellt sich einfach vor, er sei ein großer Herr. Gleichzeitig ist er sein eigener Diener, der ihn zu Tisch bittet. „Herr Francesco Bernardone, es ist angerichtet", so fordert er sich zum Essen auf. Mit solchen Sätzen bringt er auch die schlimmsten Sachen runter.
Die gute Laune und den Humor verliert er dabei nie. Und er arbeitet. Die Kirche San Damiano hat er wieder in Stand gesetzt. Und er hat noch nicht genug: Er ist bereits daran, eine dritte Kapelle, sie heißt „Maria der Engel", unterhalb von Assisi wiederherzustellen. Dort

lebt er auch. Oft verbringt er in Gedanken versunken seine Zeit in der Kapelle. Gott will etwas von ihm. Da ist er ganz sicher. Aber was will er nur? Dass er arm lebt? Das ist gut. Er war noch nie so glücklich wie jetzt. Aber was soll er sonst tun? Kapellen restaurieren? Darin kann doch sein Auftrag letztlich nicht bestehen. Die Kirche „Maria der Engel" ist bald fertig. Francesco schaut bittend das Kreuz in seiner Kirche an: „Sag mir, was ich tun soll, sonst bin ich arbeitslos!"
Er hat inzwischen Hunger und will sich schleunigst in Assisi etwas erbetteln. Am Stadttor empfangen ihn einige Kinder. „Francesco! Francesco, der Narr ist da!", rufen sie laut. Andere Kinder kommen dazu. Jetzt werfen sie Francesco Dreck nach und verspotten ihn. Er wehrt sich aber nicht wie die andern Bettler. Da können sie alles machen. Viele Erwachsene, die zuschauen, lachen schadenfroh. „Geschieht ihm ganz recht", denken sie, „früher haben ihn die Gleichaltrigen als ihren Chef durch die Straßen getragen und heute werfen die Kinder Dreck nach ihm." Dabei fühlen sie sich glücklich. Die Schadenfreude lässt sie ihren eigenen Kummer vergessen. Francesco hat inzwischen die Kinder abgeschüttelt. Weil er nie wütend wird, ist es den Kindern zu langweilig geworden. Sie haben sich ein besseres Opfer für ihre Streiche gesucht.
Francesco überlegt, bei welchem Haus er mit Betteln beginnen soll. Da klopft ihm jemand auf die Schulter. Es ist Bernardo, ein junger reicher Adeliger. Francesco kennt ihn gut. Bernardos Eltern sind vor einiger Zeit gestorben, und er lebt jetzt ganz allein.
„Francesco, darf ich dich zum Nachtessen einladen?", fragt er, „ich habe etwas Wichtiges mit dir zu besprechen!"
Gerne nimmt Francesco die Einladung an. Beim Essen stellt es sich heraus, dass Bernardo auch so leben möchte wie Francesco.
„Hast du gesehen, was sie mit mir machen?", prüft ihn Francesco. „Dieses Leben ist hart. Alle, die dir heute noch schmeicheln, werden dich morgen verachten. Wenn du kein Geld mehr hast, werfen sie mit Dreck und Steinen nach dir."

„Und trotzdem möchte ich so leben wie du. Weil auch ich glaube, dass nur so mehr Friede in diese kriegerische Welt kommen kann", erwidert Bernardo.

„Gut, wir wollen morgen in die Kirche gehen und uns danach entscheiden", beschließt Francesco das Gespräch.

Am andern Morgen stehen sie zeitig auf und gehen in die Kirche. Aber sie mögen so lange drinsitzen, wie sie wollen, sie können sich nicht entscheiden. Da hat Francesco eine Idee: „Wir wollen einfach die Bibel, die vorne liegt, aufschlagen. Dann schauen wir, was dort steht. Und das wollen wir dann auch tun!"

Rasch gehen die beiden nach vorne. Francesco schlägt die Bibel auf und liest laut, was er vorfindet: „Willst du vollkommen sein, so verkauf alles, was du hast. Gib das Geld den Armen. So wirst du einen Schatz im Himmel haben!"

„Das ist genau, was wir uns wünschen!", jubeln beide. Sofort gehen sie daran, diesen Plan zu verwirklichen. Bernardo verkauft noch am selben Tag sein Haus und alles, was er hat. Am Abend steht auch er in einer einfachen Kutte aus Sacktuch vor dem Domplatz. Francesco und er haben beide einen schweren Sack voll Geld in der Hand. In Assisi hat es sich bald herumgesprochen, dass Francesco wieder einmal Anlass zu einer Sensation ist. Er hat allen Bettlern gesagt, sie sollen sich am Abend auf dem Domplatz einfinden. Als die Leute auch Bernardo in einer Kutte sehen, beginnt ein großes Gemurmel. Doch plötzlich beginnen alle zu rufen: „Seht nur! Geld, Geld!" Tatsächlich, Francesco und Bernardo greifen in ihre Säcke und werfen das Geld unter die Leute. Mit großem Gekreisch versucht jeder, so viel wie möglich davon zu erhalten. Ein lahmer Bettler, der immer vor der Dompforte liegt, kann plötzlich rennen. Und der blinde Augusto, von welchem ganz Assisi gemeint hat, er sei von Geburt an blind, sieht genau, wo die größten Geldstücke liegen. Ein anhaltendes Geschrei erfüllt den Domplatz. Schon beginnen sich die Ersten um das Geld zu prügeln. Der blinde Augusto schlägt einem anderen Bettler seinen Stock mit voller Wucht auf die Finger. Laut aufschreiend lässt dieser das Geldstück fallen, welches er soeben aufgelesen hat. Geschickt ergreift es Augusto. Wütend schnallt der andere seinen hölzernen Stelzfuß ab und beginnt nun auch dreinzuschlagen.

Francesco und Bernardo schauen einander entsetzt an. Damit haben sie nicht gerechnet. „Halt, halt!", rufen sie, „wir haben noch viel Geld. Es hat genug für alle. Wir wollen doch nicht, dass es deswegen zu Streit kommt. Jeder, der noch Geld braucht, kann bei uns welches holen."

Der Ruf wirkt. Schnell stehen die Leute auf und drängen sich zu Francesco und Bernardo. Sie stoßen sich zwar noch mit den Ellbogen, weil jeder zuvorderst sein will. Aber sie prügeln sich nicht mehr.

„Habt Erbarmen mit mir", fleht ein alter Mann, „meine Frau liegt krank im Bett, und wir haben kein Geld für Medizin."

„Jedermann weiß doch, dass du gar nicht verheiratet bist", lacht Francesco ihn aus, „trotzdem, hier hast du dein Geld." Mit vielen Verbeugungen zieht sich der Mann zurück.

Inzwischen ist ein Priester aus dem Dom gekommen. Auch er drängt sich durch die Menge. Ehrfurchtsvoll machen ihm die Leute Platz. So steht Pfarrer Silvestro, wie er heißt, bald einmal vor Francesco.

„Francesco", beginnt er, „ich habe dir für den Wiederaufbau von San Damiano Ziegel und Mörtel geliehen. Die musst du mir jetzt bezahlen." Erstaunt blickt Francesco in das Gesicht des Priesters. Silvestro ist die ganze Geschichte auch peinlich. Er hat an und für sich genug Geld. Aber auch er hätte gern noch mehr davon.

„Wie viel bin ich dir schuldig?", fragt Francesco.

„Hundert Denare", erwidert Silvestro.

„Hundert? Das ist viel zu viel. Das Baumaterial war höchstens zwanzig wert", entrüstet sich Francesco, „aber du sollst deine Denare haben. Du nimmst sie aber den Armen weg."

Schnell nimmt der Priester das Geld und sieht, dass er wieder in den Dom zurückkommt.

Während sie ihre Geldstücke verteilen, ermahnen Francesco und Bernardo die Leute, nicht so sehr am Geld zu hängen. Francesco versucht, ihnen begreiflich zu machen, wie oft Geld und Streit miteinander zusammenhängen.

„Ihr habt vorhin gesehen, wie das Geld wilde Tiere aus euch gemacht hat, die sich schlagen und beißen", ruft er den Leuten zu.

Den meisten sind diese Worte gleichgültig. Schnell nehmen sie ihr Geld, gehen ins nächste Wirtshaus und machen sich über Francesco und Bernardo lustig. Für die meisten Bewohner Assisis ist es klar, dass sie nun schon zwei Verrückte in ihrer Stadt haben. Doch es gibt auch andere. Diese überlegen sich, was Francesco gesagt hat. Ob er am Ende nicht Recht hat? Vielleicht ist er gar nicht verrückt? Vielleicht ist er der Klügste von allen?

Nachdem sie alles Geld verteilt haben, versuchen Francesco und Bernardo, sich ihr Abendessen zusammenzubetteln. Das ist jetzt gar nicht so einfach.

„Was? Du Dummkopf! Zuerst verteilst du dein ganzes Vermögen und jetzt willst du bei uns betteln!", rufen ihnen die Leute zu. Als sie sich in San Damiano lagern, haben sie außer einigen harten Brotresten nicht viel zu essen.

„Das macht nichts", meint Francesco, „für mich ist es trotzdem ein Festmahl, da ich nun einen Bruder gefunden habe. Es ist viel schöner, dieses harte Leben zu zweit zu leben."

DIE NEUEN BRÜDER

„Hast du das gehört, Pietro Bernardone?", fragt der Mann, der atemlos ins Wirtshaus gestürmt ist, „vor dem Dom verteilen schon wieder zwei ihr ganzes Vermögen den Armen."
„Dann sind es inzwischen schon zehn!", ruft der Bürgermeister, der mit Pietro Bernardone ein Glas Wein trinkt.
„Das ist bereits eine Seuche, schlimmer als die Pest", erwidert Pietro, „die Einzigen, die an dieser ganzen Sache verdienen, sind die Armen und die Wirte."
„Eine schöne Sache, die uns dein Sohn da einbrockt", meint ein Tuchhändler, „der bringt uns den ganzen Handel durcheinander. Geschäftspartner, mit denen ich nun schon seit Jahren gut zusammenarbeite, kommen mir eines Morgens plötzlich in einer Kutte entgegen. Das Geschäft sei verkauft, meinen sie. Ich solle mich auch bekehren und nicht so am Geld hängen. Jetzt muss ich mir wieder neue Partner suchen."
„Es ist wirklich schlimm", meint der Bürgermeister. „Von einem Tag auf den andern nehmen angesehene Leute den Bettelstab in die Hand. Es sind vor allem die jungen Kaufmannssöhne, die das tun. Nicht mehr arbeiten, betteln wollen die!"
„Jawohl, an der Sonne liegen und nichts tun", ruft einer, der schon recht viel getrunken hat, „und am Abend kommen die faulen Hunde in die Stadt und wollen von meiner Frau ein Nachtessen. Wenn du ein wenig mehr Mut hättest, Bürgermeister, würdest du das ganze Lumpenpack einsperren. Zwangsarbeit müssten die leisten, von morgens früh bis abends spät, das würde denen die Flausen schon aus dem Kopf treiben."
„Die Jugend wird viel zu weich erzogen", meint der Tuchhändler. „Sie haben alles, was sie wollen. Sie meinen, man brauche nicht mehr zu arbeiten. Wenn die Eltern von Zeit zu Zeit ihren Kindern tüchtig den

Hintern versohlen würden, könnte es nicht so weit kommen. Ich habe von meinem Vater oft eine Ohrfeige gekriegt und es hat mir nicht geschadet, oder?"

Jetzt mischt sich auch noch der Wirt in das heftige Gespräch ein: „Ich will euch einmal was sagen. Einer, der es ganz sicher weiß, hat mir Folgendes verraten. Ich darf nur seinen Namen nicht nennen. Also, der Francesco wurde in Perugia so lange eingeseift, bis er mit den Peruginern zusammengearbeitet hat. Die in Perugia bezahlen den Francesco dafür, dass er Unruhe unter unsere Jugend bringt. Und dann, wenn es wieder zum Krieg kommt, rennt unsere ganze Jugend in braunen Kutten umher, und wir haben keine Soldaten mehr!"

„Das ist doch Blödsinn!", entfährt es Pietro Bernardone. „So genau kenne ich meinen Sohn noch, dass ich sagen kann, dass das nicht stimmt."

„So, ausgerechnet du musst uns das sagen", meint der Tuchhändler giftig, „du hast uns diese Suppe eingebrockt. Du hast deinen Sohn so verwöhnt. Du wolltest immer, dass er den Bandenchef von allen Jugendlichen spielt. Jetzt ist er der Bandenchef und was für ein gefährlicher!"

„Hört auf zu streiten!", gebietet der Bürgermeister, „im Moment können wir nichts machen. Wir haben kein Gesetz, das verbietet, den Armen Geld zu geben. Aber wir werden vom Bischof fordern, dass er nach dem Rechten schaut. Schließlich ist er jetzt der Vorgesetzte von Francesco!"

„Richtig", meint Pietro Bernardone, „die Kirche soll nur auch einmal etwas tun!"

Da kommt ein neuer Gast ins Wirtshaus. Es ist der Hufschmied. „Habt ihr das schon gehört?", berichtet er, „gerade hatte ich einen Händler in meinem Geschäft. Er ist auf der Durchreise und war auch in Perugia. Dort beginnt es auch schon!"

„Was", fragt der Wirt, „dass der Wein teurer wird?"

„Nein, dort soll es auch schon zwei geben, die zu Francesco wollen, und alles verschenken."

„Schlimmer als die Pest, wirklich schlimmer als die Pest!", murmelt Pietro Bernardone.

Unterdessen haben sich Francesco und seine neuen Freunde versammelt. Sie nennen sich untereinander Brüder. Francescos Augen leuchten vor Freude, als er sie um sich versammelt sieht. Das sind jetzt seine neuen Ritter. Seine Ritter von der Tafelrunde. Ohne Schwert und ohne Geld. Bereit, für den Frieden zu kämpfen. Er hätte nicht gedacht, dass sich andere auch für sein Anliegen begeistern. Und alles ist so schnell gegangen. Doch es gibt auch Schwierigkeiten.
„Viele Leute haben an uns gar keine Freude, Brüder", beginnt er zu sprechen, „sie meinen, wir seien Faulenzer. Darum ist es wichtig, dass wir jeden Tag arbeiten. Wir nehmen einfach keinen Lohn dafür. Die Leute dürfen uns das schenken, was wir zum Leben brauchen. Aber mehr wollen wir nicht. Vor allem nehmen wir kein Geld an!"
„Aber ich habe hier einen Beutel voll Geld geschenkt gekriegt. Er ist für den Bau der Kirche", meldet sich Rufino. Er ist inzwischen auch aus der Gefangenschaft in Perugia zurück und hat sich seinem alten Freund angeschlossen.
„Bruder Rufino", weist ihn Francesco streng zurecht, „du weißt genau, dass wir kein Geld anrühren. Geld bringt Streit und Krieg. Es ist darum weniger wert als der Mist, den ihr dort seht. Darum, Rufino, nimm den Beutel Geld in den Mund und lege ihn so auf den Miststock. So kannst du riechen, wie das Geld stinkt!"
Allen läuft es kalt den Rücken hinunter, als sie sehen, was Rufino tun muss. Aber Rufino gehorcht bereitwillig. Sie haben alle ihr Geld verschenkt, und auch er will nichts mehr mit diesem Geldbeutel zu tun haben.
„Francesco", fragt ihn Ginepro, der einfältigste unter den Brüdern, „wenn wir arbeiten, müssen wir dann auch so ein trauriges Gesicht machen wie alle anderen? Dürfen wir auch nicht mehr lachen?"
„Im Gegenteil, Ginepro", lacht Francesco, „weil ihr ja kein Geld verdienen müsst, dürft ihr immer lachen und singen bei der Arbeit.

Benützt die Zeit, um mit den Leuten zu reden. Sagt ihnen, dass sie sich bessern sollen. Sagt ihnen, sie sollen Frieden schließen mit ihren Nachbarn. Benützt überhaupt jede Gelegenheit, um den Leuten eine kleine Predigt zu halten."

„Francesco", fragt Rufino, „wo werden wir heute Abend schlafen? Wir sind zu zahlreich geworden." Bernardo meldet sich: „Ich habe bei Rivotorto einen alten leeren Stall gesehen. Darin haben wir sicher Platz."

So machen sich die Brüder auf und suchen ihr neues Nachtquartier. Doch auch in dem Stall ist es schon recht eng. Mit jedem neuen Bruder tauchen für Francesco neue Schwierigkeiten auf. Er hat gar nicht gedacht, dass seine Idee so zünden wird. Wie sie sich nun im Stall eingerichtet haben und jeder Platz zum Schlafen gefunden hat, werden sie doch wieder gestört. Ein Bauer kommt spät abends zum Stall. „So, du alter Esel", spricht er vor der Hütte, „jetzt haben wir doch noch einen Stall gefunden. Da wollen wir es uns gemütlich machen." Wie er die Türe öffnet, sieht er die Brüder, die wie Sardinen eng nebeneinanderliegen. Damit es keinen Streit um die Plätze gibt, hat Francesco an jeden Balken ein Kreuz mit dem Anfangsbuchstaben eines Bruders eingeritzt. So weiß jeder, wo er schlafen muss. Doch den Bauern stört es nicht, dass die Hütte schon besetzt ist. Er tut ganz einfach so, wie wenn sie leer wäre. „Da haben wir aber Glück gehabt, dass diese Hütte leer ist", spricht er weiter zum Esel, „leg dich einfach hin!" Schreiend steht Rufino auf, dem der Esel auf den Bauch getreten ist. Auch die andern sind schnell auf den Beinen. Nur Ginepro, der einen guten Schlaf hat, ist nicht aufgewacht. Als der Esel ihm mit seiner Zunge das Gesicht ableckt, murmelt er nur im Halbschlaf: „Ich habe mich schon gewaschen." Unterdessen spricht der Bauer befriedigt zu seinem Tier: „So, das hätten wir. Siehst du, wie einfach das Leben ist." Dann legt auch er sich nieder, ohne ein Wort mit den Brüdern zu sprechen.

Diese haben sich vor der Hütte versammelt. „Was machen wir?", fragt Rufino.

„Wir packen den frechen Kerl an Händen und Füßen und werfen ihn dort auf den Miststock. Das soll ihm eine Lehre sein!", schlägt einer erbost vor.
„Oh ja! Das ist eine gute Idee!", ruft Rufino und klatscht in die Hände. „Jetzt soll einmal ein anderer mit dem Miststock Bekanntschaft machen."
„Halt! Das geht nicht!", hält Francesco die Brüder zurück. „Wir wollen für den Frieden sein und verprügeln einen armen Bauern? Wenn wir wirklich arm sein wollen, dürfen wir nicht für diesen Stall kämpfen. Ihr tut ja so, wie wenn der Stall euer Palast wäre. Wir haben kein Eigentum und wollen auch nichts verteidigen."
Unterdessen kommt auch Ginepro aus der Hütte. „Wer hat diesen Esel neben mich gelegt? Ich habe einen ganz nassen Kopf!", fragt er wütend. Während die andern lachen, fragt sich Francesco, wie es weitergehen soll.
„Wir schlafen diese Nacht im Freien", verkündet er seinen Brüdern, „und morgen gehe ich zum Bischof. Vielleicht weiß er uns einen Rat."

Am andern Morgen gehen Francesco und Bernardo zum Bischof von Assisi. Dieser ist froh, sie zu sehen.
„Lieber Francesco", beginnt er, kaum dass er sie begrüßt hat, „Armut ist schon recht und Frieden bringen auch. Bist du dir aber bewusst, dass es wegen dir zu Streit in der Stadt kommt? Man wirft euch vor, dass ihr nur faulenzen wollt und nachher betteln geht. Es sind schon einige Mütter zu mir gekommen, die Angst haben, dass ihr Sohn bei euch mitmachen will. Sie behaupten, du habest einen schlechten Einfluss auf die Jugend. Väter, die ein Leben lang für ihr Geschäft gearbeitet haben, fürchten, dass ihr Sohn einmal alles von einem Tag auf den andern den Armen verschenken wird. Die Gerüchte gehen sogar so weit, dass gewisse Leute sagen, du seist ein Geheimagent aus Perugia."
„Lieber Bischof Guido", entgegnet Francesco, „du weißt doch, dass das nicht stimmt."
„Ich weiß es schon, aber die Leute nicht", klagt der Bischof. „Es wird Zeit, dass ihr in geordneten Verhältnissen lebt. Man kann doch nicht

so einfach wie die Landstreicher leben und behaupten, man diene damit Christus."

„Du weißt genau, dass wir arbeiten. Wir haben keine Schmarotzer unter uns. Wir arbeiten zwar nicht von morgens früh bis abends spät. Wir wollen auch Zeit haben, um zu beten und miteinander fröhlich zu sein. Zudem helfen wir den Armen. Frag einmal die Aussätzigen. Die pflegen wir jetzt täglich."

Den Bischof schaudert beim Gedanken, dass er zu einem Aussätzigen gehen müsse. Er weicht ein wenig vor Francesco zurück. Die Krankheit ist bekanntlich sehr ansteckend. „Das kommt dazu", meint er, „die Leute haben Angst, dass ihr den Aussatz noch in der ganzen Gegend verbreitet." Nach einer Weile fügt er hinzu: „Und ich übrigens auch."

„Was sollen wir denn deiner Ansicht nach tun?", fragt Francesco, „auch wir überlegen uns, was aus unserer kleinen Bruderschaft werden soll."

„Macht es wie alle andern auch, die in Armut leben wollen", gibt der Bischof zur Antwort, „baut ein Kloster und lebt in aller Ruhe darin! Da habt ihr ungestört Zeit zum Arbeiten und zum Beten."

„Und im Kloster leben wir wie die Fürsten, so wie es die Benediktiner tun. Nach außen geloben sie Armut, und der Einzelne hat nichts, aber das Kloster als Ganzes ist steinreich. Nein, das will ich nicht. Wir wollen keine eigenen Häuser besitzen, in denen wir uns verstecken. Die Armen haben auch keine Häuser. Außerdem wollen wir den Leuten predigen und sie zum Frieden auffordern." Francesco ist in Fahrt gekommen, während er redet. Ihn und seine Freunde in ein Kloster einsperren? Das kommt nicht in Frage!

„Dann weiß ich keine andere Lösung, als dass du zum Papst nach Rom gehst. Was du machen willst, ist in der Kirche nicht vorgesehen. Ich weiß dir keinen andern Rat", schließt der Bischof das Gespräch.

Draußen vor dem Palast fragt Bernardo: „Was machen wir jetzt?" Francesco braucht nicht lange zu überlegen: „Wir gehen nach Rom zum Papst."

BEIM PAPST

„Puh, Rom stinkt", ruft Rufino, „das ist nun also der Mittelpunkt der Welt?"

Die Brüder sind nach einer Woche Marsch in Rom angekommen. Es hat einiges gebraucht, bis sie da waren. Die Leute unterwegs sind ihnen oft mit Misstrauen begegnet und haben sie für Landstreicher gehalten. Mancher Bauer hat den Hund auf sie gehetzt. Doch jetzt sind sie angekommen und bestaunen die große Stadt.

„Wo wohnt da bloß der Papst?", fragt Francesco, „wir wollen jemanden fragen." Er spricht einen gut gekleideten Mann an.

„Was wollt ihr Bettlerpack vom Papst?", gibt der grob zurück, „von eurer Sorte haben wir schon genug hier. Im Übrigen wohnt der Papst nicht in Rom, sondern er residiert. Große Herrscher wie der Papst residieren. Und wenn jemand residiert, gibt er sich nicht mit Bettlern ab."

Die Brüder sind enttäuscht. Wie sollen sie nur bis zum Papst vordringen, wenn alle Römer sie so anfahren? Doch hartnäckig fragen sie sich durch und kommen zum Schloss, in welchem der Papst herrscht. Und sie haben Glück. Gleich am Eingang treffen sie einen Mann mit einem roten Hut, der ihnen weiterhilft. „So, zum Papst wollt ihr", fragt er sie, „was wollt ihr denn von ihm?"

„Er soll uns erlauben, als Gemeinschaft zusammenzuleben, arm zu sein und den Leuten den Frieden zu predigen. Er soll uns einfach erlauben, das zu tun, was in den vier Evangelien steht", gibt Francesco Bescheid.

„So", meint der Mann mit dem roten Hut erstaunt, „dazu braucht ihr doch keine Erlaubnis vom Papst."

„Doch", erwidert Francesco, „wir werden immer zahlreicher und die Leute sind beunruhigt. Und wenn wir vom Frieden predigen, möchten wir dies im Auftrag der Kirche tun. Deshalb müssen wir unbedingt den Papst sprechen. Wir wissen nur noch nicht, wie wir das anstellen sollen."

„Da habt ihr Glück gehabt, dass ihr mich getroffen habt", lacht der Mann, „ich bin Kardinal Giovanni di San Paolo, nach dem Papst einer der mächtigsten Männer der Kirche. Ihr gefallt mir. Ich will schauen, ob euch der Papst empfangen will."

Mit diesen Worten geht der Kardinal weg. Die Kardinäle sind die engsten Mitarbeiter des Papstes. Darum kann Giovanni di San Paolo ohne Schwierigkeiten bis zum Papst vordringen. Der große Papst Innozenz III. ist einer der gescheitesten Männer seiner Zeit. Er ist aber auch sehr gefürchtet, da er machthungrig ist. Mit dem Kaiser hat er ständig Streit. Gerade jetzt hat er wieder viele Bischöfe um sich versammelt. Er will wissen, welche mehr zum Kaiser und welche zu ihm halten. Die Kaisertreuen will er gefügig machen. Jeder Bischof macht nämlich in seinem Bistum, was er will. Das muss aufhören. Er ist der Papst, und er will über die ganze Kirche herrschen. Kardinal Giovanni di San Paolo hat ihn gerade beim Ausarbeiten seiner Pläne gestört. „Was willst du?", fragt ihn der Papst.

„Da draußen stehen etwa zehn Männer. Sie laufen alle in Kutten umher und sehen aus wie Landstreicher. Es soll solche darunter haben, die früher reich waren, hat mir inzwischen ein Bischof erzählt. Sie wollen nur nach dem Evangelium leben. Deshalb sind sie freiwillig arm geworden und wollen den Leuten Frieden predigen. Was machen wir da? Auch wenn wir wie die Fürsten leben, gerne feiern und uns beklatschen lassen, können wir doch einem einfachen Mann nicht verbieten, das Evangelium zu leben?"

„Du hast recht, Giovanni", erwidert der Papst, „das würde sich tatsächlich schlecht machen. Ich will mir die Leute einmal ansehen. Hol sie!"

Giovanni di San Paolo kehrt wieder zu Francesco und seinen Gefährten zurück und führt sie zum Papst. Diese staunen erst einmal nicht schlecht, als sie all das Gold, die kostbaren Bilder und die teuren

Möbel sehen, die der Papst besitzt. Auch diejenigen, die reich waren, müssen sich die Augen reiben. Und dort vorne, auf seinem Papstthron, erwartet sie Innozenz III. Francesco hat weiche Knie. Was soll er dem Mann da vorne sagen? Der Papst ist so reich, und er, Francesco, will von Armut reden? Der Papst steht im Krieg mit dem Kaiser, und er, Francesco, will vom Frieden reden? Wenn das nur gut geht! Trotzdem nimmt sich Francesco vor, sein Anliegen so vorzutragen, wie ihm der Schnabel gewachsen ist.

„Wer seid ihr und was wollt ihr von mir?", fragt sie der Papst.
„Heiliger Vater, wir sind einige Arme, die die Armut lieben", beginnt Francesco, „und wir wollen nach dem Evangelium leben. Zudem möchten wir der Kirche dienen, indem wir überall den Frieden predigen. Wir wollen die Leute auffordern, dass sie sich im Namen von Jesus wieder lieben sollen. Wir werden sie bitten, dass sie aufhören, sich die Köpfe blutig zu schlagen. Dazu brauchen wir aber den Auftrag und die Bewilligung von Euch, Heiliger Vater!"
„Da habt ihr eine schwere Aufgabe", lächelt der Papst, „ist das nicht ein bisschen viel für ein paar arme Tröpfe wie ihr?"
„Arm müssen wir sein", erwidert Francesco, „sonst werden wir wie die Priester, die mehr ans gute Essen und ihre Einkünfte denken als an ihre Aufgaben!" Erschrocken schauen die Brüder einander an. Ist da Francesco nicht zu weit gegangen? Der Papst lebt schließlich auch wie ein Fürst. Hoffentlich nimmt er das nicht übel. Der Papst lächelt aber noch immer und fragt weiter: „Wenn ihr nun von mir verlangt, dass ich euch einen Auftrag gebe, seid ihr bereit, mir zu gehorchen?"
„Sicher, nur dürft Ihr nicht das Gegenteil von dem wollen, was im Evangelium steht!", gibt Francesco mutig zur Antwort.
„Gut, ihr könnt gehen, kommt morgen wieder. Dann will ich euch Antwort geben." Mit diesen Worten schickt sie der Papst fort. Francesco und die Brüder haben ihm gefallen. Etwas hat er gemerkt: Sie sind bereit, ihm zu gehorchen. „Die sind anders als meine Bischöfe", denkt er sich, „die nur machen, was sie wollen, und mir hinter dem Rücken die Zunge herausstrecken. Wenn ich viele solcher Francescos

hätte, könnte ich sie überall hinschicken. Und sie würden mir gehorchen und nicht den Bischöfen. Ich werde diesem Francesco seinen Gefallen tun. Wir wollen sehen, wie sich diese Brüder entwickeln. Vielleicht werden sie meine Macht stärken. Sie werden die Leute besser überzeugen können als meine Bischöfe. Die sind viel zu verwöhnt und leben nur noch im Luxus."

Mit diesen Gedanken schläft Papst Innozenz am Abend ein. Er hat in dieser Nacht einen sonderbaren Traum. Er sieht nämlich, dass seine Kirche einen großen Riss in der Mauer hat. Die Mauer senkt sich immer mehr auf eine Seite. Die ganze Kirche ist in Gefahr einzustürzen. Der Papst steht daneben und kann gar nichts tun. Da plötzlich kommt ein kleiner, ärmlicher Mann in einem braunen Gewand. Dieser beginnt die Kirche zu stützen, damit sie nicht zusammenstürzen kann. Die Kirche ist gerettet.

Als der Papst am andern Morgen erwacht, ist ihm klar, was der Traum zu bedeuten hat. Der kleine Mann ist Francesco, und die Kirche ist nicht nur ein Gebäude. Damit ist die ganze Kirche gemeint, die Kirche in der weiten Welt. Diese droht zusammenzustürzen, weil die Bischöfe und Pfarrer mehr am Geld interessiert sind als an ihren Pfarreien und Bistümern. Und er, der Papst, ist auch nicht besser. Darum kann er auch nichts machen. Aber Francesco kann helfen. Der Papst lässt darum die Brüder zu sich rufen.
„Ich gewähre eure Bitte", gibt er ihnen Bescheid, „unter folgender Bedingung: Ihr dürft nicht nur in Assisi bleiben. Ihr müsst überall den Frieden verkünden. Auch sollt ihr so arm zusammenleben, wie ihr es wünscht."
Zufrieden kehren die Brüder nach Assisi zurück. Jetzt wird für sie eine große Zeit beginnen.

GINEPROS ABENTEUER

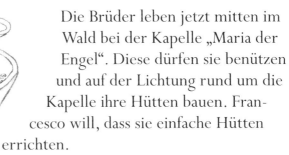

Die Brüder leben jetzt mitten im Wald bei der Kapelle „Maria der Engel". Diese dürfen sie benützen und auf der Lichtung rund um die Kapelle ihre Hütten bauen. Francesco will, dass sie einfache Hütten errichten.

„Steinhäuser haben nur die Reichen", verkündet er, „wir wollen unsere Hütten so bauen, wie es die Armen tun. Die Wände sind aus Weidengeflecht und mit Lehm verstrichen. Das Dach machen wir aus Stroh. Wir wollen mit dem Hüttenbau nicht viel Zeit versäumen. Unsere Aufgabe ist nicht, Häuser zu bauen, sondern den Leuten die Frohe Botschaft zu bringen."

Die Hütten sind tatsächlich bald fertiggestellt. Und es finden sich immer neue Brüder ein. Sogar ein Priester ist dabei, ein alter Bekannter. Es ist der Priester Silvestro, der damals in Assisi Francesco viel Geld abgeknöpft hat für das Baumaterial beim Wiederaufbau von San Damiano. „Ich habe nachgedacht und eingesehen, dass dein Weg der richtige ist, Francesco", meint der Priester, „ich war viel zu geldgierig und darum auch seit Langem nicht mehr glücklich. Wenn ich sehe, wie fröhlich und glücklich deine Brüder sind, gibt es mir immer einen Stich im Herzen. Wenn ihr es erlaubt, möchte ich darum mit euch zusammenleben. Meinen Besitz werde ich an die Armen verschenken."

Voll Freude willigen Francesco und seine Brüder ein. Diese gehen jetzt jeweils zu zweit zu den Leuten in die umliegenden Dörfer und Städte. Dort arbeiten die Brüder zusammen mit den Einheimischen. Sie halten auch kurze Predigten und fordern die Zuhörer auf, ihre Fehler zu erkennen und Frieden zu halten. Für ihre Arbeit fordern sie kein Geld. Bald werden sie berühmt, und die meisten Leute freuen sich, wenn die Brüder von Francesco bei ihnen vorbeikommen.

Am Abend finden sie sich bei ihren Hütten und der Kapelle wieder zusammen. Dort erzählen sie, was sie erlebt haben. Einer der Brüder bleibt jeweils zurück und bettelt in Assisi um Essen oder er kocht mit den Lebensmitteln, die die Brüder am Vortag als Geschenk erhalten haben, ein einfaches Abendessen.

Einmal hat Ginepro diese Aufgabe. „Es ist doch eine dumme Sache", sagt er zu sich, „dass ich jetzt eine ganze Woche Küchendienst habe. Ich würde lieber unter die Leute gehen und ihnen predigen. Das ist viel lustiger, als hier alleine zu sitzen und zu kochen." Plötzlich hat er eine Idee. Er wird heute so viel kochen, dass es für eine ganze Woche reicht. Schnell geht er nach Assisi und beginnt zu betteln. Da ihn alle kennen und er immer guter Laune ist, hat er bald einen großen Sack mit Esswaren gefüllt. Diesen trägt er in die Küche, die die Brüder gebaut haben. Dann nimmt er alle Töpfe, die er findet, füllt sie mit Wasser und beginnt tüchtig zu heizen. „Ich werde eine Suppe kochen", lacht er, „wie man sie noch nirgends gesehen hat. Meine Brüder werden Augen machen. Es ist zwar das erste Mal, dass ich koche. Aber ich spüre, dass ich für diese Aufgabe wie geboren bin."

Auf diese Worte hin verteilt Ginepro die Dinge, die er in seinem Sack hat, in die verschiedenen Töpfe. Die Rüben wirft er ungewaschen samt ihren grünen Büscheln in einen Topf. Ebenso verfährt er mit dem Kohl. In einen Topf wirft er sogar ein ganzes Huhn mitsamt den Federn. „Das wird dem Süppchen guttun", meint er, „das gibt ihm die notwendige Kraft!" So gibt er ohne zu rüsten nacheinander Radieschen, Zwiebeln, Kopfsalat und sogar den Kuchen, den eine Frau für Francesco gebacken hat, in die Töpfe. Bald wird es in der Küche so heiß, dass er zu schwitzen beginnt. Denn er muss von einem Topf zum andern rennen und umrühren. „Diese Kutte ist einfach zu heiß", flucht er, „ich werde sie ausziehen."

Als die Brüder einige Zeit später nach Hause kommen, trauen sie ihren Augen nicht. Sie sehen Ginepro, wie er in den Unterhosen in der Küche umherspringt. Mit einem großen Stecken rührt er dabei in den Töpfen. Alle brechen in schallendes Gelächter aus. Nur Silvestro beginnt die

Nase zu rümpfen und fragt schnuppernd: „Was für eine Sauerei hast du denn da in den Töpfen? Das riecht ja schlimmer als in der Hölle!"
Beleidigt gibt Ginepro zurück: „Das ist meine Kraftsuppe à la Ginepro. Die beste Suppe, die ihr je gegessen habt. Sogar ein Huhn ist drin. Und ich habe so viel gekocht, dass es für die ganze Woche reicht."
„Hühnersuppe habe ich allerdings gern", meint Silvestro schmatzend und schaut in einen der Töpfe. Erschreckt dreht er sich um: „Schaut euch das an! Pfui, pfui und nochmals pfui! Da schwimmen ja Hühnerfedern drin!"
„Hast du schon einmal ein Huhn ohne Federn gesehen?", gibt Ginepro verärgert zurück. Er hat großes Lob für seine Kochkunst erwartet und stattdessen gibt es nur Reklamationen. Doch auch die andern Brüder rümpfen ihre Nase. Niemand will von der Kraftsuppe à la Ginepro essen. Die Brüder ziehen es vor, einen Abend lang zu hungern. Ginepro muss zusehen, wie seine Suppe zuletzt auf dem Komposthaufen landet.
Zudem wird er von Francesco noch ausgescholten: „Es geht nicht, dass du so viele Lebensmittel einfach zerstörst. Wir wollen uns doch nicht benehmen wie die Reichen, die Brot fortwerfen. Du musst sorgfältiger kochen. Versuche es morgen noch einmal."
Am andern Morgen ist Ginepro wenigstens nicht allein. Rufino ist krank geworden und muss zu Hause bleiben.
„Kein Wunder, dass du krank geworden bist", meint Ginepro, „du hast gestern Abend überhaupt nichts gegessen. Hättest du meine Hühnersuppe versucht, wärst du sicher gesund. Jedes Kind weiß, dass eine kräftige Hühnersuppe das beste gegen Krankheit ist."
„Du hast recht", erwiderte Rufino, „ich habe tatsächlich unheimlich Hunger. Mmmh, wenn ich dran denke, was ich jetzt alles möchte!"
„Was hättest du denn gern?", fragt Ginepro voll Teilnahme.
„Am liebsten hätte ich einen Schweinsfuß", seufzt Rufino, „aber wie wollen wir als arme Leute zu einem Schweinsfuß kommen?"
„Keine Angst", erwidert Ginepro, „ich mach das schon." Und mit diesen Worten verschwindet er.

„Ginepro, mach keine Dummheiten!", ruft ihm Rufino nach. Er ahnt, dass der einfältige Ginepro wieder daran ist, eine Dummheit zu begehen.

Ginepro ist aber schon in der Küche und holt ein großes, scharfes Messer. Er hat gestern gesehen, dass es in der Nähe eine Schweineherde hat. „Irgendein anständiges Schwein wird ja wohl noch einen Fuß entbehren können", meint er und macht sich auf den Weg.

Die Schweine suchen friedlich nach Eicheln im Wald, als Ginepro bei ihnen erscheint. Der Schweinehirt ist nicht in der Nähe. Ginepro begutachtet die Schweine wie ein Fachmann.

„Das dort, nein, das ist zu alt", sinnt er nach, „das kleine dort, das wäre ein feines Spanferkel. Aber ich will nicht ein Schwein töten. Ich will nur den Fuß. Das da drüben, das ist gerade recht. Das hol ich mir!" Ginepro schleicht auf das Schwein zu. Dieses frisst in aller Ruhe seine Eicheln. Es ahnt nicht die Gefahr, die ihm droht. Mit einem Satz wirft sich der stämmige Ginepro auf das Schwein und hält es unter sich fest. Das Schwein beginnt laut zu quieken und versucht zu fliehen. Aber so sehr es sich auch windet, Ginepro hat es fest im Griff.

„So beruhige dich doch", flüstert er dem Schwein ins Ohr, „ich tu dir nichts. Ich will mir bloß einen Schweinsfuß ausleihen. Weißt du, Rufino ist krank geworden und braucht dringend etwas Kräftiges zum Essen."

Seine Worte nützen allerdings nicht viel. Voll Angst quiekt das Schwein immer lauter. Ginepro hat unterdessen das Messer angesetzt und mit einem kräftigen Schnitt dem Schwein das linke Vorderbein abgehauen. „Hör doch auf, so zu lärmen", ruft er dem Schwein zu, nachdem er aufgestanden ist, „dir bleiben immer noch drei Beine. Mit denen kannst du gut leben. Damit hast du immer noch ein Bein mehr als ich."

Das Messer in der einen, den Schweinsfuß in der andern Hand, macht er sich auf den Rückweg. Bei Rufino angekommen, zeigt er ihm triumphierend seine Beute.

„Woher hast du denn den?", fragt ihn Rufino besorgt.

„Den hat mir ein guter Freund ausgeliehen", gibt Ginepro zur Antwort. „Ich gehe gleich in die Küche und werde ihn dir zubereiten." Ginepro gibt sich viel Mühe. Bevor er den Schweinsfuß kocht, wäscht und putzt er ihn. Zudem würzt er ihn noch mit einigen Kräutern. Rufino verzehrt ihn darum auch mit Hochgenuss und kommt wieder zu Kräften. Als Francesco am Abend heimkommt, gibt es eine gute Suppe. Alle sind lustig und zufrieden und loben Ginepro.
Nach dem Abendessen macht Ginepro mit Rufino einen kleinen Spaziergang. Unterdessen kommt unerwarteter Besuch. Der Schweinehirt hat Ginepro beobachtet, als er mit dem Schweinsfuß zu Rufino zurückgegangen ist, und hat den Vorfall seinem Herrn gemeldet. Dieser hat sich wütend zu den Brüdern auf den Weg gemacht.
„Wer von euch hat meinem Schwein den Fuß abgehauen?", donnert er die Brüder an, „ich habe mir gedacht, dass es so weit kommen wird, wenn so ein Vagabundenpack in der Nähe meiner Schweine wohnt!" Die Brüder schauen einander erstaunt an.
„Du musst entschuldigen, guter Mann", gibt ihm Francesco zur Antwort, „aber wir waren den ganzen Tag fort. Wir haben deinen Schweinen nichts getan."
„Dummes Zeug, lügen tut ihr auch", ereifert sich der Mann, „mein Schweinehirt hat gesagt, dass es nur einer von euch gewesen sein kann. Ihr seid mir die Rechten. Den lieben langen Tag den Leuten predigen, sie sollen lieb zueinander sein, und dann hinterrücks meine Schweine verunstalten. Das passt gut zusammen. Und ich habe den Schaden dabei."
„Es tut uns aufrichtig leid", versucht ihn Francesco zu beruhigen, „wir haben wirklich nichts getan. Aber wenn du so davon überzeugt bist, dass wir Übeltäter sind, kommen wir gerne für den Schaden auf. Wir wollen nicht, dass du schlecht von uns denkst."
„Für den Schaden aufkommen", höhnt der Mann, „ihr habt kein Geld. Wenn ihr wenigstens noch ehrlich wärt. Aber ich werde meine Lehren ziehen. Ich werde meine Schweine jetzt gut bewachen. Der Erste von euch, der ihnen zu nahe kommt, kriegt eine kräftige Tracht Prügel."

Grollend geht der Mann wieder fort. Die Brüder sind ratlos. Sie sind doch unschuldig. Da sieht Francesco Ginepro mit Rufino zurückkommen und ihm geht ein Licht auf.

„Ginepro", fragt er ihn streng, „hast du heute einem Schwein den Fuß abgeschnitten?"

„Natürlich habe ich das getan", erklärt Ginepro stolz, „und schau einmal, wie der Schweinsfuß Rufino gutgetan hat. Er ist schon wieder gesund. Das Schwein hat zwar einen Heidenlärm gemacht. Doch hat es seinen Fuß für einen guten Zweck gespendet!"

„Ginepro, das war ein Fehler", weist ihn Francesco zurecht, „erstens bist du ein Tierquäler. Ich möchte schauen, wie du heulen würdest, wenn ich dir einen Fuß abhaue. Zweitens ist der Bauer wütend auf uns. Wenn du schnell läufst, kannst du ihn einholen. Entschuldige dich bei ihm!"

Zerknirscht macht sich Ginepro auf und holt den Bauern bald ein. „Entschuldigung", spricht er ihn an, „ich habe deinem Schwein das linke Vorderbein abgehauen. Aber weißt du, Rufino war krank, und da brauchte er etwas Kräftiges."

„Halt's Maul und mach, dass du fortkommst!", entgegnet der Mann mürrisch.

Ginepro stellt sich vor den Mann hin: „Du musst wirklich entschuldigen. Ich habe es nicht böse gemeint. Dafür ist Rufino jetzt wieder gesund und das Schwein hat ja noch drei andere Beine."

„Du sollst verschwinden, habe ich gesagt!", zischt der Bauer und schiebt Ginepro auf die Seite.

Aber Ginepro lässt nicht locker. Er will seinen Fehler wiedergutmachen. Doch was soll er tun? Als Kind war's einfach. Wenn er damals etwas ausgefressen hatte, gab er der Mutter einen Kuss und dann war die Welt wieder in Ordnung. Kurzerhand packt Ginepro den Bauern an den Schultern und gibt ihm links und rechts einen schallenden Kuss auf die Backen. „So jetzt weißt du, dass es mir leid tut und dass du uns trotz deines Schimpfens ganz sympathisch bist", erklärt er dem verdutzten Mann.

Der Bauer weiß nicht, ob er Ginepro mit dem Stecken schlagen soll. Doch nach und nach hellt sich sein Gesicht auf. Schließlich muss er schallend lachen und reicht Ginepro die Hand: „Du bist ein komischer Vogel. Ich muss mich bei dir entschuldigen, dass ich so wütend war. Jetzt wollen wir Freunde sein."
Voll Freude geht Ginepro zu Francesco zurück und erklärt, dass alles wieder in Ordnung sei. Wer beschreibt aber das Erstaunen der Brüder, als der Bauer nach einer Stunde wieder erscheint und ihnen das Schwein schenkt, das er inzwischen geschlachtet hat. Während die Brüder mit Hochgenuss das Schwein verzehren, sagt Francesco zu Ginepro: „Ginepro, es hat keinen Sinn, dich weiterhin kochen zu lassen. Du stellst sonst nur wieder etwas an. Morgen kannst du wieder mit uns kommen."
Das hört Ginepro gerne. Am anderen Morgen macht er sich schon in aller Frühe auf den Weg. Er will den Tag ausnützen und nicht so lange schlafen wie die andern. Auf dem Weg nach Viterbo kennt er eine Burg. Der Ritter Nicoló, der auf ihr wohnt, ist ein Bösewicht, unter dem die ganze Gegend zu leiden hat. Aus den armen Bauern kann er nicht genug Geld herauspressen, und von Zeit zu Zeit plündert er auch einmal einen reichen Kaufmann aus. Diesem Ritter will Ginepro predigen gehen.
„He, Ginepro, wohin gehst denn du so früh?", spricht ihn ein reitender Bote an, der von Assisi nach derselben Burg muss.
„Ich werde Nicoló bekehren", antwortet Ginepro.
„Ha, ha, ha, da wirst du aber Mühe haben", lacht der Bote, „ich muss auch dorthin. Wenn du willst, kannst du zu mir aufs Pferd steigen."
„Nein, danke", entgegnet Ginepro, „wie du wissen solltest, gehen wir Brüder von Francesco grundsätzlich nur zu Fuß. Reiten ist eine Sache der Reichen."
„Na dann, viel Glück!", wünscht ihm der Bote und gibt dem Pferd die Sporen. Unterwegs kommt dem Boten ein böser Streich in den Sinn, den er Ginepro spielen will. Wie er die Botschaft aus Assisi dem Ritter Nicoló mitgeteilt hat, sagt er ihm: „Übrigens muss ich dir noch etwas

sagen. Es wird bald ein Verräter hier auftauchen, der dir nach dem Leben trachtet. Er ist ein großer stämmiger Mann und trägt eine braune Kutte."

Der grimmige Nicoló dankt dem Boten und befiehlt der Wache, gut aufzupassen. Kein Wunder, dass der erstaunte Ginepro von den Wachen sofort am Kragen gepackt wird, kaum hat er die Burg betreten. Diese führen ihn sofort zu Nicoló.

„Ha, du bist also dieser Schelm", fährt der ihn an, „gibst du zu, dass du ein Verräter bist?"

„Ja, ich bin ein Verräter", gibt Ginepro zu. Schließlich hat er die Brüder morgens früh allein zurückgelassen. Dieser Nicoló scheint gut informiert zu sein.

„Gibst du zu, dass du ein elender Missetäter bist?", fragt Nicoló weiter.

„Ja, das bin ich", erwidert Ginepro kleinlaut. Die Sache mit der Suppe und mit dem Schweinsfuß scheint er auch zu wissen. Und diesen Mann wollte Ginepro bekehren. „Aber es geschieht mir ganz recht", denkt Ginepro, „ich habe mir in den letzten Tagen einfach zu viel geleistet. Das ist jetzt die gerechte Strafe. Sicher hat Gott selbst es so gefügt."

„Und gibst du auch zu", fragt der Ritter mit erhobenem Zeigefinger, „dass du mich in den Himmel befördern wolltest?"

„Ja, auch das wollte ich", gesteht Ginepro. Schließlich wollte er nur das Beste für den Ritter. Und wenn der sich endlich ändern würde, käme er vielleicht einmal auch in den Himmel.

„Ha, da haben wir's!", ruft der Ritter. „Dieser Schuft wollte mir tatsächlich ans Leben. Dem wollen wir's jetzt aber auch tüchtig geben. In zwei Stunden soll er von zwei Pferden gezogen bei lebendigem Leibe um die Burg herumgeschleift werden. Anschließend hängen wir ihn auf!"

Alle Knechte auf der Burg freuen sich. Endlich ist mal wieder etwas los. Ihnen wurde es schon langweilig. Ginepro ist ganz blass geworden. Es ist ja recht, dass er eine große Strafe erhält. Er hat es zu bunt getrieben. Aber eine so große Strafe? „Lieber Gott", betet er, „die Angst,

die ich ausstehe, ist eine große Strafe. Aber auf den Rest sollten wir beide eigentlich verzichten. Schließlich habe ich immer alles nur gut gemeint. Also bitte, tu etwas!"
Dem Boten aus Assisi ist inzwischen auch angst und bange geworden. Er hat gemeint, Ginepro werde alles bestreiten und erzählen, dass er einer von Francescos Brüdern sei. Dann hätte ihn Nicoló sicher freigelassen. Stattdessen gibt Ginepro Dinge zu, zu denen er gar nicht fähig wäre. Schnell schwingt sich der Bote auf sein Pferd und reitet in größter Eile zu Francesco und seinen Brüdern. Zum Glück ist heute Francesco bei den Hütten zurückgeblieben. Er will auch einmal für die Brüder kochen. Er fragt sich schon den ganzen Tag, wohin Ginepro wohl verschwunden ist. Da er ihn gut kennt, hat er sich auch schon Sorgen gemacht. Trotzdem glaubt er seinen Ohren kaum, als ihm der Bote berichtet, was vorgefallen ist.
Unverzüglich macht sich Francesco auf den Weg. Wenn er tüchtig ausschreitet, kann er noch rechtzeitig kommen. Es wäre ein zu großer Verlust für die Brüder, wenn Ginepro hingerichtet würde. Auch wenn er immer wieder in seiner Einfalt die tollsten Sachen anstellt, kann ihm keiner richtig böse sein.
Unterdessen wird vor der Burg alles für die Hinrichtung vorbereitet. Drei Männer stellen den Galgen auf und ein weiterer bereitet die Pferde vor. Die Hinrichtung hat sich in der Umgebung herumgesprochen, sodass ständig neugierige Leute herbeiströmen. Alle sind froh, dass endlich wieder einmal etwas passiert, auch wenn es etwas sehr Grausames ist.
Da wird Ginepro gefesselt aus der Burg geführt. Ein Raunen geht durch die Menge. Diejenigen, die sein gutmütiges Gesicht sehen, können nicht so recht glauben, dass er Nicoló ermorden wollte.
Da ruft ein Mann aus der Menge, dem es zu langweilig geworden ist: „Tod dem Verräter!" Mit lautem Johlen stimmen alle ein.
Ginepro weiß gar nicht, ob er träumt. Aber sooft er sich auch mit den auf den Rücken gefesselten Händen in den Hintern kneift, er bleibt wach. Er soll also tatsächlich hingerichtet werden. Da packen ihn zwei

Männer und werfen ihn auf den Boden. Sie binden ihm die Füße zusammen und hängen ihn wie einen Pflug an die beiden Pferde.
„Au, ihr tut mir an den Füßen weh!", schreit Ginepro auf. Soll jetzt wirklich sein kurzes Leben vorbei sein? Schon knallt die Peitsche, um die Pferde anzutreiben. Diese machen die ersten Schritte und wollen zu traben beginnen, als ein zweiter Mann in einer braunen Kutte sich durch die schaulustige Menge drängt.
„Halt!", ruft Francesco, „halt, ihr tötet einen Unschuldigen!"
Erstaunt halten die Knechte die Pferde an und schauen zu Nicoló hin. Was sollen sie jetzt tun? Nicoló ist von seinem Sitz aufgestanden. Er wollte sich die Hinrichtung in aller Gemütlichkeit anschauen.
„Wer wagt es, die Hinrichtung zu stören?", brüllt er.
„Ich bin's, Francesco von Assisi, von dem ihr schon alle gehört habt. Der Mann hier ist Ginepro, einer meiner Brüder", entgegnet Francesco laut, „ihr hättet beinahe einen guten und anständigen Menschen hingerichtet."
Wieder geht ein Raunen durch die Menge. Einige sind enttäuscht. Sie haben sich so auf diese Hinrichtung gefreut. Andere sind glücklich, dass Ginepro weiterleben darf. Nicoló selbst ist hilflos. Er weiß nicht, wie er sich bei Francesco und Ginepro entschuldigen soll.
„Du musst dich nicht entschuldigen, Nicoló", meint Ginepro, „denn ich habe dir wirklich nach dem Leben getrachtet. Nach jenem Leben, das du jetzt führst. Dein Leben besteht aus Rauben, Morden und Unterdrücken von armen Bauern. Dieses Leben wollte ich dir nehmen. Ich will es dir jetzt noch nehmen, dass auch du in Frieden leben kannst."
Als sich Francesco und Ginepro verabschieden, verspricht Nicoló hoch und heilig, er wolle jetzt sein Leben ändern. So hat Ginepro auf recht eigenartige Weise erreicht, was er wollte.
Auf dem Heimweg gehen die beiden schweigend nebeneinander her. Das heißt, gehen tut eigentlich nur Francesco. Ginepro humpelt. Ihm tun bei jedem Schritt alle Knochen weh. Lächelnd meint Francesco: „Wie sähe es wohl in der Welt aus, wenn es in ihr nur Ginepros hätte?"

KLARA

Im vornehmen Palast der Familie di Offreduccio, welcher gegenüber dem Dom liegt, herrscht Gewitterstimmung. Die Familie sitzt schweigend beim Mittagessen. Der Vater, Favarone di Offreduccio, ist ein angesehener Ritter in Assisi. Er schaut in seinen Teller, in welchem ein großes Stück Rindfleisch liegt. Ihm gegenüber sitzt seine schöne Tochter Klara. Ihr blondes Haar fällt in herrlichen Wellen über den Rücken. Sonst sitzen nur noch ihre jüngere Schwester Agnes und die Mutter am Mittagstisch. Alle schweigen. Niemand isst. Das Essen wird kalt.
Da hebt Favarone di Offreduccio langsam seinen Kopf und sagt mit beherrschter Stimme:
„Ich befehle dir, diesen Ritter zu heiraten!"
„Ich werde ihn nicht heiraten", entgegnet Klara.
„Du wirst jetzt siebzehn Jahre alt. Wenn du nicht bald heiratest, wirst du nie einen Mann finden. Dieser Ritter ist eine standesgemäße Möglichkeit einer Heirat. Im Übrigen ist er reich. In einem Monat wird die Heirat sein. Basta!", entscheidet der Vater.
„Du hast mich falsch verstanden, Vater", antwortet Klara, „ich werde nie heiraten."
Überrascht schaut sie der Vater an: „Ja, willst du denn dein Leben lang eine Jungfer bleiben?"
„Ich werde ein Leben lang in Armut leben, wie es Francesco mit seinen Brüdern tut", gibt Klara zurück.
„Wer hat dir diese Flausen in den Kopf gesetzt? Das war sicher dein Vetter Rufino. Der ist auch nicht mehr ganz klar im Kopf, seit er in dieser Bettelbande mitmacht." Der Vater kann sich nur noch mit Mühe beherrschen. „Hör mal, mein liebes Klärchen, diese Bewegung, die

Francesco ins Leben gerufen hat, mag sehr schön sein. Aber für uns Adlige ist das nichts. Wir sind doch ein altes Rittergeschlecht. Wir lassen uns doch nicht auf die Spinnereien von schlecht erzogenen Bürgersöhnchen ein."

„Diese Bewegung hat sich immerhin schon in allen größeren Städten Norditaliens verbreitet. Sogar in Florenz und Bologna wohnen Gruppen von Francescos Brüdern. Jeden Tag kommen neue dazu. Es sind auch schon einige Ritter dabei."

„Ja, sie hat tatsächlich großen Zuwachs, diese Bewegung", höhnt der Vater. „Weil sie vom Papst und der Kirche unterstützt wird, kann jetzt jeder Landstreicher sagen, er sei ein Bruder von Francesco. Auf diese Weise bettelt er sich das Doppelte zusammen. Wenn er einmal müde ist, nimmt ihn auch jedes Kloster auf. Früher war wenigstens noch eine ehrliche Zeit. Da war der Bettler ein Bettler und der Vagabund ein Vagabund. Aber heute nennen sich beide ‚Brüder von Francesco' und genießen so das Leben mit Faulenzen und Nichtstun. Allen voran dein Vetter Rufino!"

„Du weißt genau, dass es nicht stimmt, Vater", erwidert Klara scharf, „das Leben der Brüder besteht aus Arbeiten, Predigen und Beten. Damit die Leute ihnen auch glauben, was sie sagen, leben sie arm. Sonst müssten sie ihr Eigentum verteidigen. Und genauso will auch ich leben."

„Und nach kurzer Zeit kommst du heulend und ohne Geld wieder zu mir. Wie der Sohn des Goldschmieds. Der wollte in seinem jugendlichen Leichtsinn auch mitmachen. Vor einer Woche ist er ganz ausgemergelt zu Hause angekommen. Jetzt sind die Eltern wieder gut genug. Ich habe viel Verständnis für den Leichtsinn der Jugend. Aber irgendeinmal muss man erwachsen werden und ans Heiraten denken. Und bei dir ist diese Zeit gekommen." Um diese Worte zu verstärken, schlägt der Vater mit der Faust auf den Tisch, dass alle Teller wackeln.

„Aber, wenn es doch ihr sehnlichster Wunsch ist", versucht die Mutter zu vermitteln.

„Versuch du nicht, ihr noch zu helfen", droht der Vater, „die Sache ist entschieden. Und jetzt wird gegessen!"

Doch der Vater ist der Einzige, der isst. Und auch er kaut mühsam an seinem Fleisch. Nach dem Essen geht Klara mit ihrer Schwester in die Kammer.

„Wann ist es so weit, Klara?", fragt Agnes.

„Heute Abend werden mich Francesco, Bernardo und Filippo erwarten. Du hast doch heute Morgen in der Kirche gesehen, wie mir der Bischof einen Palmzweig gab. Das war das Zeichen, dass auch er damit einverstanden ist. Wenn ich den Schutz der Kirche habe, kann Vater überhaupt nichts machen."

„Aber Klara, du kommst doch unmöglich aus dem Haus. Beim Hauptportal sieht dich sofort jedermann, und die Hintertüre hat der Vater gestern mit Steinen und Balken verriegelt", zweifelt Agnes.

„Hab keine Angst", beruhigt Klara die Schwester, „Gott wird mir schon die nötige Kraft geben. Du darfst nur nichts verraten."

„Da kannst du sicher sein", lächelt Agnes, „am liebsten würde ich mit dir kommen. Lässt es sich denn gar nicht machen?"

„Du musst noch eine Weile warten", beruhigt sie Klara, „obwohl ich natürlich Freude hätte, dieses Wagnis mit dir zu beginnen. Aber es wird sich schon noch eine Möglichkeit ergeben. Und jetzt will ich mich von dir verabschieden. Ich möchte bis zum Abend noch ein wenig allein sein."

Die beiden Schwestern küssen sich herzlich zum Abschied. Klara versucht, sich noch ein wenig auszuruhen. Es wird eine strenge Nacht geben.

Nach Einbruch der Dunkelheit schleicht sie die Treppe hinunter. Jedes Mal, wenn das Holz knarrt, zuckt sie zusammen. Der Vater sitzt mit einigen Freunden im Speisesaal. Sie vergnügen sich beim Würfelspiel und haben schon einigen Wein getrunken. So hören sie zum Glück nicht, wie Klara sich zum Hinterausgang schleicht. Dort verhindern tatsächlich zwei große, quergelegte Balken das Öffnen der Türe. Zudem hat der Vater noch ein paar schwere Steine vor die Türe gewälzt. Da diese nach innen aufgeht, verhindern die Steine Klaras Absicht. Doch Klara ist fest entschlossen, und dies gibt ihr zusätzlich

Kraft. Vorsichtig schiebt sie Stein um Stein zur Seite. Den unteren Balken kann sie wegheben. Der obere Balken liegt allerdings höher als ihr Kopf. Mit gestreckten Armen kann sie ihn auf der einen Seite hochheben. Doch wie soll es weitergehen? Tragen mag sie ihn nicht. Der Balken wird immer schwerer. Klara kommt ins Schwanken, das Balkenende beginnt ihren Händen zu entgleiten. Wenn sie nicht will, dass ihr der Balken auf den Kopf fällt, muss sie jetzt schnell zur Seite springen. Das tut sie und lässt den Balken los. Dieser donnert auf den Boden. Klara erstarrt. Doch nur einen Moment, denn jetzt ist das Tor frei. Sie öffnet es und rennt, so schnell sie kann, die Gassen hinunter zum Westtor.

Doch hier stellt sich ein weiteres Problem. Die Tore der Stadt werden bei Einbruch der Dunkelheit geschlossen. Wie kommt sie nur zur Stadt hinaus? Mutig klopft sie beim Torwächter an.

„Was ist los?", fragt dieser.

„Ich bin's, die Klara di Favarone", ruft sie, „ich muss dringend zu meinem Vetter Rufino. Kannst du mir nicht die kleine Pforte öffnen?" Der Torwärter hat keine Lust, ihr zu helfen. Er ist gerade mit einem Freund beim Kartenspiel. So gute Karten, wie er jetzt hat, bekommt er so schnell nicht wieder. „Hol deinen Vater!", entgegnet er ihr, „ich will doch keinen Ärger, indem ich so ein hübsches junges Ding ohne Erlaubnis des Vaters nachts aus der Stadt herauslasse!"

Da ist guter Rat teuer. Doch da geht Klara ein Licht auf. Francesco muss an dieses Problem gedacht haben. Es gibt ja noch ein anderes Stadttor. Der Bischof hat sein privates Stadttor. Da kann sie die Stadt verlassen.

Tatsächlich: Der bischöfliche Verwalter ist bereits informiert und erwartet sie beim Tor des Bischofs und lässt sie hinaus. Dort warten Francesco, Bernardo und Filippo. Voll Freude umarmen alle drei Klara. „Jetzt sind wir tatsächlich wie die Ritter", lacht Francesco, „ein Burgfräulein haben wir auch schon entführt."

„Das stimmt nicht ganz", erwidert Klara, „schließlich bin ich freiwillig gekommen. Eigentlich habe ich mich selbst entführt. Es war gar nicht so einfach, das Schloss zu verlassen. Wir müssen uns übrigens beeilen. Mein Vater wird bald merken, dass ich ihn verlassen habe. Er wird mich verfolgen."

Gemeinsam gehen die vier zur Kirche „Maria der Engel", wo sich alle Brüder, die in Assisi sind, versammelt haben. Denn nicht mehr alle sind in Assisi. Ginepro ist in Viterbo, und in vielen andern Städten sind die Brüder nun schon zu Hause. Dafür haben sich in dem Kirchlein einige neue Brüder eingefunden.

In der Kirche fragt Francesco Klara:

„Willst du wirklich unsere Schwester werden und dieses schöne und schwere Leben in Armut mit uns teilen?"

„Ja, Francesco", erwidert Klara, „und als Zeichen, dass ich jetzt auch arm sein will, verzichte ich auf den größten Reichtum, den ich habe: meine Schönheit. Schneidet mir die Haare ab! So sieht dann auch mein Vater, dass ich dem Ritter, den er für mich aussucht, nicht gefallen will."

Einige Brüder sind erschrocken. Mit den schönen, langen, blonden Haaren sieht Klara aus wie ein Engel. Die darf man doch nicht abschneiden. Doch Klara ist entschlossen. Sie will den Männern nicht mehr gefallen. Vor allem denen nicht, die nur auf das Äußere schauen. Francesco hilft ihr. „Komm, Leo, bring mir eine Schere!", fordert er einen jüngeren Bruder auf, der neu zu ihnen gestoßen ist, „wir wollen unserer Schwester die Haare abschneiden, wie sie es wünscht."

So fällt eine Strähne um die andere des herrlichen Haares von Klara. Dem einen und andern Bruder kommen die Tränen. Sogar Silvestro muss sich schnäuzen.

„Die Nächte sind so kalt hier draußen im Wald", meint er.

Nachdem das Werk vollbracht ist, müssen sie sich beeilen. „Wir gehen ins Benediktinerinnenkloster Sankt Paul", teilt Francesco den Brüdern mit, „ich habe es mit dem Bischof so abgemacht. Wenn der Vater von Klara kommt, sagt ihm ruhig, wo wir sind. Wenn wir schnell gehen, sind wir in einer halben Stunde dort." Unverzüglich brechen Klara, Francesco, Bernardo und Filippo wieder auf. Schnell erreichen sie das

Klösterchen. Eine Klosterfrau lässt Klara eintreten. Die drei Männer dürfen das Kloster nicht betreten. So kehren sie wieder zu den andern Brüdern zurück.

Unterwegs hören sie Pferdegetrappel. Favarone di Offreduccio kommt mit zwölf Männern aus seiner Familie angeritten. „Platz da!", ruft der Vater von Klara, „Francesco und Bernardo, ihr seid elende Verräter!" Im Vorbeireiten spuckt er Francesco an.

Dieser wischt sich mit dem Ärmel ruhig über das Gesicht und ruft den Reitern zu: „Kehrt um! Klara ist im Kloster bei den Benediktinerinnen. Dort könnt ihr nicht hinein."

„Das wollen wir sehen!", tönt es zurück.

„Aufmachen!" Favarone poltert an die Klosterpforte, „sofort aufmachen!"

Eine verhüllte Klosterfrau öffnet den Schieber an der Türe. „Macht nicht so einen Lärm mitten in der Nacht! Was wollt ihr?"

„Frag nicht so dumm!", entgegnet Favarone, „gib mir sofort meine Tochter heraus!"

„Das geht nicht!", entgegnet die Klosterfrau, „sie ist auf Wunsch des Bischofs hier."

„Das ist mir gleich", ereifert sich Favarone, „was meine Tochter anbelangt, befehle ich."

„Dann bist du also der liebe Gott", erwidert die Klosterfrau kalt, „denn außer dem Bischof haben wir nur Gott zu gehorchen!"

„Lange genug geschwatzt!", ruft Favarone, „brecht die Tür ein!" Mit einem Baumstamm brechen die Männer die schwere Klosterpforte auf, indem sie ihn halten und immer wieder auf die Türe losrennen, bis sie nachgibt. Die Proteste der Klosterfrau hören sie nicht. Dann stürmen sie in den Klosterhof. Klara, die alles mitgehört hat, hat sich in die Kirche geflüchtet. Sie eilt auf den Altar zu. Denn nach altem Recht darf niemand behelligt werden, der beim Altar Schutz sucht.

Allen voran eilt auch Favarone in die Kirche. Als er seine Tochter am Altar sieht, zögert er.

„Klara, komm wieder heim", bittet er sie, „deine Mutter ängstigt sich um dich."

„Sie weiß ganz genau, wo ich bin", ist die Antwort.

„Wir haben dich so gern", lockt sie der Vater, „ich tu doch alles nur aus Liebe zu dir. Komm heim und ich gebe dir, was du willst."

„Wenn du mich wirklich liebst, lass mich das Leben führen, zu dem mich Gott berufen hat", erwidert Klara hartnäckig.

„Sag nicht solche Dinge, Klara, du bist noch viel zu jung", bittet sie der Vater erneut.

„Und lass endlich das verdammte Altartuch los", ergänzt ein junger Ritter, „mach endlich etwas, Favarone!"

„Jawohl, jetzt habe ich genug", schreit der Vater, der sich die ganze Zeit nur mühsam beherrscht hat. Er geht auf den Altar zu.

„Halt, Favarone di Offreduccio!", ertönt eine Stimme hinter ihm. Die Äbtissin des Klosters ist unbemerkt in die Kirche eingetreten. „Wenn du das tust, unterschreibst du dein Todesurteil. Der Papst wird dich persönlich in den Bann setzen und dich von der Kirche ausschließen. Alle deine Güter werden beschlagnahmt werden. Und jeder, der es will, darf dich töten, ohne dass er eine Strafe zu befürchten hat. Willst du das tatsächlich riskieren?"

Bleich dreht sich Favarone um. Er hat gemeint, er sei allein in der Kirche. Schwankend geht er zu seinen Freunden zurück. „Kommt", sagt er, „es hat keinen Sinn mehr."

Schweigend reiten die Männer nach Hause. In seinem Palast angekommen, geht Favarone in den Keller und trinkt dort einen Becher Wein nach dem andern. Schwankend geht er frühmorgens zu Bett. Erst zum Mittagessen erscheint er wieder in seiner Familie. „Sie will nicht gehorchen", erklärt er der Mutter.

„Ich habe gehört, was geschehen ist", gibt diese zur Antwort, „auch ich mag nicht mehr in deinem Palast leben. Agnes und ich werden Klara nachfolgen."

BEIM SULTAN DER SARAZENEN

„Wie geht es Klara und den andern Schwestern?", fragen die Brüder Francesco, als er einige Zeit später aus Assisi zurückkommt.

„Ich habe eine gute Nachricht", teilt ihnen Francesco mit, „der Bischof hat ihnen die Kirche San Damiano zur Verfügung gestellt. Dort haben sie jetzt ein kleines Klösterchen errichtet. Der Bischof hat mir aber noch etwas anderes erzählt. Das ist allerdings weniger schön. In Damiette ist ein großer Krieg zwischen Christen und Sarazenen ausgebrochen."

„Wo ist Damiette, wer sind die Sarazenen?", fragt Leo.

„Damiette ist eine Stadt, die von den Kreuzrittern belagert wird. In Damiette wohnt der Herrscher der Sarazenen, der Sultan. Dort, wo der Nil ins Mittelmeer fließt, liegt Damiette. Die Sarazenen glauben nicht an Jesus. Darum haben christliche Ritter aus allen Königreichen versucht, sie mit der Gewalt des Schwertes zum Glauben an Jesus zu zwingen. Sie nennen sich daher Kreuzritter. Jetzt ist wieder ein großer Streit zwischen ihnen und dem Sultan."

„Kann man denn jemanden mit dem Schwert zum Glauben an Jesus zwingen?", fragt Rufino, „man darf doch nicht behaupten, dass Jesus alle Menschen liebt, und ihnen gleichzeitig den Kopf abschlagen?"

„Du hast Recht, Rufino", bestätigt ihn Francesco. „Und darum gehen wir zu den Sarazenen. Wir wollen sie mit Worten und nicht mit dem Schwert überzeugen, dass sie Christen werden sollen."

„Wann gehen wir?", ruft Leo, „darf ich mit?"

„Ich habe im Sinn, noch heute abzureisen", verkündet Francesco, „ich nehme dich gern mit. Es kann aber recht gefährlich werden. Der Sultan schenkt jedem Krieger, der ihm den Kopf eines Christen bringt, ein Goldstück."

Leo schaudert. „Ich komme trotzdem mit", meint er mutig.
Noch am selben Tag machen sich die beiden auf den Weg. Der Weg ist allerdings weiter, als sie es sich gedacht haben. Bei großer Hitze erreichen sie nach acht harten Tagesmärschen die Hafenstadt Ancona. Dort herrscht geschäftiges Treiben.
„Wir müssen jetzt ein Schiff finden, das nach Damiette fährt, Leo", meint Francesco. Ein Seemann gibt ihnen einen guten Tipp. „Ihr habt großes Glück", sagt er ihnen, „da drüben, die ‚Barbarossa', die will morgen nach Damiette auslaufen."
Francesco bedankt sich. Dann gehen sie zur ‚Barbarossa' und verlangen den Kapitän. Ein großer dicker Mann erscheint. Er mustert sie abschätzig.
„Was wollt ihr?", fragt er sie, „ich bin der Kapitän."
„Wir möchten nach Damiette mitfahren", erwidert Francesco, „ist das möglich?"
„Möglich ist alles, wenn man genug Geld hat", lautet der Bescheid des Kapitäns.
„Wir haben aber kein Geld", meint Francesco kleinlaut.
„Dann ist nichts möglich", gibt der Kapitän verärgert zurück, „was haltet ihr mich mit so dummen Fragen auf? Ich habe viel zu tun. Das hier ist ein Handelsschiff. Dort drüben hat's ein Kriegsschiff. Meldet euch als Kriegsknechte, nehmt Waffen und Rüstung, dann könnt ihr nach Damiette fahren. Auf Wiedersehen." Damit verschwindet er wieder über den schmalen Steg an Bord des Schiffes.
Leo ist enttäuscht. „Was machen wir jetzt?", fragt er Francesco.
„Hast du nicht gehört, Leo?", lächelt Francesco, „er hat auf Wiedersehen gesagt. Wir werden ihn also wiedersehen. Ich weiß auch schon, wo. An Bord seines Schiffes nämlich."
„Aber, wenn wir kein Geld haben!"
„Dann gehen wir eben als blinde Passagiere", schmunzelt Francesco, „wenn wir einmal an Bord sind, kann er nichts mehr machen. Wir müssen nur eine günstige Gelegenheit abwarten."
Die beiden Freunde sehen sich um. In der Nähe des Schiffes liegen

viele Holzstämme übereinander geschichtet. Einige Seeleute lehnen sich dort an und machen Mittagspause.

„Was machen die mit den Holzstämmen, Francesco?", fragt Leo.

„Ich weiß auch nicht, vielleicht wollen sie ein Schiff bauen", antwortet Francesco, „wir wollen sie fragen. Vielleicht plaudern sie nebenbei etwas aus, was uns nützlich sein kann."

Francesco geht auf die Seeleute zu. „Wozu braucht ihr so viel Holz?", ruft er ihnen zu, „ist euer Schiff undicht?"

„Man sieht, dass ihr Landratten seid", lacht ein Matrose, „wir verladen es auf die Barbarossa und nachher verkaufen wir das Holz an die Sarazenen. Die bezahlen viel Geld dafür."

„Gibt es dort keine Bäume?", erkundigt sich Leo neugierig.

„Nur kleine", erwidert der Matrose, „und um ihre Kriegsschiffe zu bauen, brauchen die Sarazenen rechte Baumstämme. Solche, wie sie bei uns wachsen. Ihr müsst entschuldigen. Ich muss jetzt wieder an die Arbeit."

Der Matrose erhebt sich. Die Seeleute beginnen wieder mit der Arbeit. Vier von ihnen tragen miteinander einen langen Baumstamm an Bord.

„Hast du das gehört, Francesco?", ereifert sich Leo, „die verkaufen diese Stämme an die Sarazenen, damit sie Kriegsschiffe bauen können. Diese Kriegsschiffe bekämpfen dann ihre eigenen Landsleute. Findest du das nicht gemein?"

„Lieber Leo, du Unschuldslamm, hast du nicht gewusst, dass die Kaufleute die Einzigen sind, die am Krieg etwas gewinnen?", lächelt Francesco bitter, „aber wir wollen das Beste aus der Sache machen. Für uns hat es wenigstens etwas Gutes."

„Wieso? Ich verstehe dich nicht", fragt Leo.

„Frag nicht, Leo, fass an, den kleinen Baumstamm da!", befiehlt Francesco. Gehorsam bückt sich Leo und greift nach dem Baumstamm, den Francesco schon in den Händen hält. Gemeinsam tragen sie den Stamm wie zwei Seeleute ins Schiff. Auf dem schwankenden Steg wäre Leo beinahe ins Wasser gefallen. Doch erreichen sie glücklich das Schiff. Der Matrose, der mit seinem Kameraden wieder an Land will, um

den nächsten Stamm zu holen, lacht, wie er die beiden sieht, und sagt: „Das ist schön, dass ihr uns helfen wollt. Seid ihr nicht ein wenig zu schwach für diese großen Stämme? Nehmt das nächste Mal lieber einen Stecken!" Lachend entfernen sich die Matrosen.
Wie sie den Stamm im Schiffsbauch niedergelegt haben, flüstert Francesco Leo zu: „Jetzt müssen wir uns schnell verstecken. Dort, schau am andern Ende! Hinter diesen Kisten sollte es gehen."
Am Ende des Schiffsbauches stehen einige große Kisten. Diese schieben die beiden Freunde mit viel Mühe ein wenig nach vorne, sodass sie dahinter liegen können, ohne dass sie bemerkt werden. Dann warten sie mäuschenstill ab, was weiter geschieht.
Sie müssen allerdings lange warten. Den ganzen Nachmittag tragen die Seeleute Baumstämme ins Schiff.
Erst als es dunkelt, entfernen sie sich. Sie wollen die letzte Nacht an Land noch einmal genießen. Jetzt können Francesco und Leo miteinander sprechen. Aber sie sind müde und schlafen bald ein.
Am andern Morgen erwachen sie durch einen großen Lärm. „Hievt den Anker!"
„Rudert im Takt, eins zwei, eins zwei!"
„Setzt das Segel!"
Laut tönen die Befehle über die beiden hinweg.
„Leo, wir sind unterwegs!", jubelt Francesco.
„Und ich hab Hunger!", stöhnt Leo, „wir haben seit gestern Mittag nichts gegessen."
„Nimm dich zusammen, Leo! Wir können erst in einigen Stunden an Deck gehen, wenn wir weit genug von der Küste entfernt sind. Sonst setzen sie uns an Land." Flüsternd weist Francesco seinen Freund zurecht.
Leo brummt etwas und ist dann ruhig. Doch nach einer Stunde beginnt er schon wieder. „Ich halte es wirklich fast nicht mehr aus vor Hunger!"
„Beiß in deine Kutte oder denk an etwas Schönes! An die herrliche Aufgabe, die uns Gott in Damiette stellt!", fordert ihn Francesco auf.
Leo ist wieder ruhig und beginnt angestrengt nachzudenken.

„Woran denkst du?", fragt ihn Francesco.
„An jenen herrlichen Schweinebraten, den wir dank Ginepro seinerzeit gegessen haben", erwidert Leo.
„Bruder Leo, du hast gesiegt, wir gehen nach oben", entscheidet Francesco, „jetzt kriege ich auch Hunger."
Sie steigen eine steile Leiter nach oben. Herrlicher Sonnenschein strömt ihnen entgegen. Und rundherum, wohin sie auch sehen, breitet sich das blaue Meer aus. Zuerst werden sie gar nicht beachtet. Die Seeleute sind alle beschäftigt. Die meisten müssen rudern. Das Schiff hat nämlich nur in der Mitte einen großen Mast. Der Kapitän steht beim Mast und gibt seine Kommandos. Francesco und Leo treten zu ihm hin. Doch sie müssen sich laut räuspern, bis er von ihnen Notiz nimmt.
„Habt ihr nichts zu tun? Dann geht einmal in den Schiffsraum nachschauen, ob Wasser eingedrungen ist", sagt er ihnen, ohne sie genau anzusehen. Bei allen Schiffen dringt immer ein wenig Wasser ein und man muss von Zeit zu Zeit das Wasser ausschöpfen.
„Von dort kommen wir, und es ist noch kein Wasser eingedrungen", erwidert Francesco.
Jetzt dreht sich der Kapitän um. Zuerst ist er sprachlos vor Staunen. Dann aber poltert er los: „Ja, was fällt euch denn ein, einfach, ohne zu fragen, auf mein Schiff zu kommen? Ihr seid doch die unverschämtesten Halunken, die mir je begegnet sind! Habe ich euch nicht ausdrücklich gesagt, dass ihr nicht mitfahren könnt?"
„Das hast du uns gesagt, aber wir müssen doch unbedingt nach Damiette. Wir haben eine wichtige Aufgabe", bittet Francesco, „Gott schickt uns dorthin, Frieden zu stiften."
„Dummes Zeug", der Kapitän schüttelt den Kopf, „Gott schickt dich nirgends wohin. Vor allem nicht, um Frieden zu stiften. Den kann ich nämlich überhaupt nicht brauchen. Und wenn ihr unbedingt nach Damiette müsst, dann könnt ihr schwimmen." Daraufhin dreht sich der Kapitän um und ruft: „Pietro, komm mit vier Mann, die Herrschaften hier möchten schwimmen!"

„Aber guter Mann, das kannst du doch nicht tun", ruft Leo erschrocken, „ich kann gar nicht schwimmen."
„Dann hast du jetzt viel Zeit, um es zu lernen", erwidert der Kapitän kalt. Unterdessen hat sich ein anderer Mann der Gruppe genähert. Der Kleidung nach zu schließen ist er ein Kaufmann.
„Kapitän, lass sie leben! Das sind gute Menschen. Ich habe solche schon einmal in Bologna getroffen", beruhigt er den Kapitän, „ich zahle ihnen die Überfahrt. Lebensmittel können sie auch von mir haben, ich habe genug Vorrat mitgenommen."
„Gott sei Dank!", ruft Leo, „ich habe nämlich Hunger."
Jetzt müssen die umstehenden Männer lachen und auch der Kapitän wird umgänglicher. Wenn die Überfahrt bezahlt wird, dann ist alles in Ordnung. Der Kaufmann gibt Francesco und Leo zu essen und beginnt mit ihnen zu plaudern. Ihm gehören die Kisten, hinter denen sich Francesco und Leo versteckt haben.
„Was ist denn in diesen Kisten?", fragt Leo.
„Ach, da ist Eisen drin. Das verkauft sich jetzt gut bei den Sarazenen. Die haben viel zu wenig davon. In Kriegszeiten, sage ich euch, da ist Eisen bares Gold!", erklärt der Kaufmann gleichgültig.
Francesco läuft ein Schauer den Rücken hinunter.
„Aber da machen doch die Sarazenen Waffen daraus und damit kämpfen sie dann gegen die Christen?", fragt er den Mann.
Doch der lacht nur. „Natürlich machen sie das. Und wenn ich ihnen das Eisen dazu nicht verkaufe, dann macht ein anderer das große Geschäft. Dann doch lieber ich!"
Doch Francesco lässt nicht locker. „Und wenn keiner das Eisen verkaufen würde?", bohrt er weiter.
Wiederum lacht der Kaufmann. „Sei nicht einfältig. Das gibt es nicht. Soll ich etwa als Einziger damit aufhören, sodass sich die andern ins Fäustchen lachen?"
Noch ein letzter Einwand bleibt Francesco: „Der Papst hat aber den Handel mit den Sarazenen verboten!" Jetzt beginnt der Kaufmann schallend zu lachen.

„Weißt du, was ich mit dem Geld mache, das ich durch den Verkauf meines Eisens gewinne? Ich kaufe damit kostbare Seidenstoffe und Gewürze. Und weißt du, wer die Seidenstoffe und die Gewürze kauft, wenn ich wieder in Italien bin? Richtig. Die geistlichen Herren stürzen sich wie Heuschrecken darauf. Denn die essen gerne gut und kleiden sich mit teuren Stoffen." Francesco schweigt. Darauf kann er nichts mehr sagen. Er kann nur zu den Sarazenen gehen und versuchen, sie ohne Gewalt zu bekehren. So wird Frieden möglich werden. Francesco und Leo haben viel Zeit, sich auf ihre Aufgabe vorzubereiten, bis sie in Damiette sind. Das tun sie, indem sie immer wieder beten. Wenn sie beten, merken sie, dass sie alle Menschen gern haben möchten. Sie werden im Gebet friedlich. Ein Mensch, der betet, kann während dem Gebet nicht töten. Das Gebet beruhigt sie und gibt ihnen Mut für ihre schwierige Aufgabe.

„Jetzt sind wir gut vorbereitet auf unseren Auftrag, Bruder Leo", meint Francesco, als sie in den Hafen von Damiette einfahren, „jetzt sind wir zahm wie die neugeborenen Lämmer. Bruder Leo, du bist jetzt ein Lämmchen Gottes."

„Schafe seid ihr, wenn ihr tatsächlich zu den Sarazenen wollt", sagt der Kapitän, der ihnen zugehört hat. Er hat die beiden auf der Überfahrt doch recht lieb gewonnen.

„Also, ich lasse euch jetzt hinaus und rudere euch mit dem Boot ans Ufer. Da ist Niemandsland zwischen den beiden Parteien. Da müsst ihr nur nach rechts gehen und schon seid ihr einen Kopf kürzer. Auf Wiedersehen und viel Glück!"

Herzlich verabschieden sich alle von Francesco und Leo. Dann werden sie an Land gerudert. Nirgends ist ein Mensch zu sehen. Francesco und Leo gehen landeinwärts.

Doch sie gelangen dort nicht zu den Sarazenen. Der Weg führt sie ins Lager der Kreuzritter. Diese bereiten sich auf die Schlacht vor. Was muss Francesco dort sehen? Ein Kardinal, der päpstliche Gesandte Alvaro Pelagius, hält eine flammende Predigt. Er fordert die Kreuzritter auf, für den Glauben zu kämpfen und zu siegen.

„Das darf nicht wahr sein!", murmelt Francesco. Die Rede erinnert ihn fatal an jene Reden, die er damals selbst vor Perugia gehört hat und an die er sogar geglaubt hat. Francesco sieht das Heer der Kreuzritter, ihre Fahnen, ihre Schwerter und ihre Rüstungen, die im Licht der Sonne aufblitzen. Plötzlich sieht er vor seinen Augen dieselben Ritter, wie sie geschlagen am Boden liegen. Verwundete winden sich vor Schmerzen. Francesco reibt sich die Augen. Jetzt sieht er wieder die Kreuzritter, wie sie johlen und lachen.

Da kann sich Francesco nicht mehr beherrschen. Er geht zum Kardinal und ruft laut: „Alvaro Pelagius! Wenn ihr heute angreift, werdet ihr die Schlacht verlieren. Haltet Frieden!"

Die Kreuzritter lachen schallend, wie sie diese Worte hören: „Schaut euch diesen kleinen braunen Wurm an. Er ist klüger als wir alle. Er scheint sich in der Kriegskunst ja bestens auszukennen. Gebt ihm ein Schwert und stellt ihn an die Spitze, dann ist der Sieg unser. Er wird die Sarazenen allein in die Flucht schlagen!"

Die Ritter grölen. Doch Kardinal Alvaro ist wütend: „Wer bist du, dass du es wagst, solche Worte an meine Ritter zu richten? Ich, der päpstliche Legat, ermutige sie zum Kampf und du untergräbst die Moral meines Heeres!"

„Ich bin Francesco von Assisi und halte mich an das Wort von Jesus: ‚Selig, die Frieden stiften, denn sie werden Söhne Gottes genannt werden!' An welches Wort von Jesus haltet ihr euch, Herr Kardinal?"

„Ich bin hier im Auftrag des Papstes und werde für ihn und die ganze Christenheit das Heilige Land, das uns gehört, zurückerobern, wie es Gott von uns will!"

„Gott will Frieden und nicht Krieg!", entgegnet ihm Francesco, „Jesus hat uns aufgetragen, lieber Schläge einzustecken, als andere zu schlagen."

„Es reicht!", schreit der Kardinal, „verschwindet, sonst lasse ich euch hinrichten. Wollt ihr unbedingt die Ersten sein, die heute ins Gras beißen müssen? Fort von hier! Wir greifen jetzt an. Blast die Fanfaren!"

Trompetenklänge durchschneiden die Luft und das Heer setzt sich in Bewegung.

Francesco und Leo ziehen sich zurück. Deprimiert schauen sie sich das Spektakel an. Francesco fließen die Tränen über die Wangen. „Leo!", schluchzt er, „heute ist kein Tag für Lämmer, heute ist ein Tag der Wölfe!"

Es kommt, wie es Francesco vorausgesehen hat. Das Heer der Kreuzritter wird vernichtend geschlagen. Am Abend liegen sechstausend tote Ritter auf dem Schlachtfeld. Der Rest ist in Panik geflohen.

Am anderen Morgen weckt Francesco Leo mit den Worten: „Wer meint, er könne im Namen Gottes das Schwert ergreifen, wird durch das Schwert umkommen. Bruder Leo, wir gehen jetzt zu den Sarazenen. Wir vertrauen darauf, dass Gott Frieden will und dass er mit uns sein wird!" Leo und Francesco machen sich auf den Weg zum Lager der Sarazenen. Doch wo ist dieses nur zu finden?

„Gibt es hier niemanden, der uns den Weg weisen kann?", fragt Francesco. Doch kaum hat er die Frage ausgesprochen, sieht er zwei kleine Lämmer auf einer kargen Wiese weiden.

„Bruder Leo, schau", ruft er, „da sind wir ja. Die beiden Lämmer sind wir. Gleich werden die Wölfe kommen!"

Leo findet nicht die Zeit zum Antworten, da sind sie bereits von grimmigen Sarazenenkriegern umstellt. Sie sind mit ihren berüchtigten Bogen und Krummschwertern bewaffnet. Sie packen die beiden Brüder an der Kapuze, beuteln sie hin und her, schlagen sie blutig und schleifen sie gar durch den Sand. Mehr tot als lebendig werden Francesco und Leo vor den Sultan geführt. Der Sultan ist ein gescheiter Mann, der die Sprache der beiden Brüder versteht. Doch hat der Krieg auch ihn zu einem harten Mann gemacht.

„Was willst du?", fragt er Francesco barsch. Francesco weiß, dass es jetzt um alles geht. „Ich bin hier, um dir den Frieden zu bringen", beginnt er, „diesen Frieden kannst du aber nur haben, wenn du an Jesus glaubst. Wir sind ohne Waffen gekommen, um dir dies zu sagen. Jetzt kannst du mit uns machen, was du willst."

Der Sultan ist über so viel Mut erstaunt. „Woher weiß ich, dass der Glaube an Jesus der richtige ist?", forscht er Francesco aus, „deine

Landsleute versuchen, uns mit Gewalt diesen Glauben aufzuzwingen. Ihr Christen redet immer von Liebe. Warum habt ihr uns angegriffen, wenn ihr uns doch liebt?"

„Ich finde das auch falsch, Sultan", redet Francesco weiter, „darum komme ich ohne Waffen. Ich bin gerne bereit, für meinen Glauben in das Feuer da vorne zu gehen." Mit diesen Worten weist Francesco auf ein großes Feuer hin, das mitten im Raum brennt.

„Du bist ein mutiger Mann", sagt er zu Francesco, „doch die Sache mit dem Feuer lassen wir lieber bleiben. Es wäre zu schade um dich. Bleib lieber noch mit deinem Gefährten ein wenig hier. Ich würde gerne mit dir diskutieren."

So bleibt Francesco einige Tage am Hof des Sultans. Der Sultan hat Freude an ihm gefunden. Er will ihm kostbare Geschenke machen. Er bietet ihm Geld, Gold und Edelsteine an. Doch all das weist Francesco zurück. Gold interessiert ihn nicht. Da merkt der Sultan, dass es Francesco ernst meint, wenn er vom Frieden spricht. So kommt es zu einem Waffenstillstand zwischen den Kreuzrittern und den Sarazenen in der Zeit, in welcher Francesco beim Sultan weilt. Den Sultan zum christlichen Glauben zu bekehren, das gelingt Francesco allerdings nicht. Auch einen Frieden zwischen den „christlichen" Kreuzrittern und den Sarazenen bringt er nicht zustande. Aber Francesco hat doch zeigen können, dass es einem wehrlosen Mann möglich ist, mitten im Krieg ins „feindliche" Lager zu gehen, ohne dass ihm etwas geschieht.

„Siehst du, Bruder Leo", sagt er, als sie sich zur Heimreise rüsten, „die Lämmchen sind stärker als die Wölfe. Die Zukunft gehört uns Lämmern."

IN AREZZO IST DER TEUFEL LOS

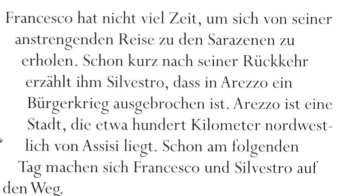

Francesco hat nicht viel Zeit, um sich von seiner anstrengenden Reise zu den Sarazenen zu erholen. Schon kurz nach seiner Rückkehr erzählt ihm Silvestro, dass in Arezzo ein Bürgerkrieg ausgebrochen ist. Arezzo ist eine Stadt, die etwa hundert Kilometer nordwestlich von Assisi liegt. Schon am folgenden Tag machen sich Francesco und Silvestro auf den Weg.

Als sie Rast machen, weil der lange Weg sie ermüdet hat, sehen sie auf einer Wiese eine Menge Vögel, die fröhlich zwitschern. Silvestro staunt nicht schlecht, als Francesco auf sie zugeht und ihnen zu predigen beginnt:

„Liebe Vögel, auch ihr seid meine Brüder und Schwestern. Darum freut es mich, dass ihr mit eurem Gezwitscher Gott lobt. Schließlich hat er euch eure herrlichen Gefieder geschenkt. Alle Geschöpfe, die Gott erschaffen hat, sollen untereinander in Frieden leben und mit Freude Gott loben."

Schon bei den ersten Worten haben die Vögel mit Zwitschern aufgehört und Francesco aufmerksam zugehört. Es scheint, dass sie alles verstehen. Denn kaum hat er seine kleine Predigt beendet, zwitschern sie wieder um die Wette, noch viel lauter als vorher. Silvestro steht mit offenem Mund da. Francesco geht lachend auf ihn zu:

„Siehst du, wie vernünftig diese Vögel sind? Eigentlich sollten wir viel mehr zu den Tieren predigen und nicht zu den Menschen. Die Tiere verstehen uns besser. Oder meinst du, dass es unter Tieren einen Bürgerkrieg geben könnte, so wie in Arezzo? Dazu sind nur die Menschen fähig."

Am folgenden Tag erreichen die Brüder endlich die Stadt Arezzo. Sie ist schon von Weitem sichtbar. Francesco bleibt stehen und schaut sie sich an.

„Was schaust du diese Stadt so an, Francesco?", erkundigt sich Silvestro neugierig, „wollen wir nicht hineingehen?"

„Siehst du diese großen Türme in der Stadt?", fragt ihn Francesco.

„Ja, ich frage mich, wozu die gut sein sollen", erwidert Silvestro, „eine normale Stadt hat die großen Türme doch längs der Ringmauer. Hier stehen aber die größten Türme mitten in der Stadt."

„Darum haben sie auch den Bürgerkrieg", erklärt ihm Francesco, „in Arezzo hat es viele reiche und mächtige Familien. Jede will noch reicher und noch mächtiger sein. Also bekommen sie Angst voreinander. Um sich voreinander zu schützen, leben diese Familien nicht mehr in Häusern, sondern in Türmen. Wer einen höheren Turm hat, kann von oben auf seinen Nachbarn Pfeile schießen. Wer mächtig sein will, muss darum schauen, dass er einen möglichst hohen Turm hat. Ist das nicht vernünftig?" Fragend schaut Francesco Silvestro an.

„Das ist logisch, oder?", fragt Silvestro zurück, „dem sagen doch die gescheiten Herren Logik?"

„Ja, dem sagen sie Logik", erwidert Francesco, „und wer dieses Turmbauen nicht mitmacht, von dem sagen sie, er sei unvernünftig. Dabei ist die Logik des Krieges wohl das Dümmste, was es gibt!"

„Die Logik des Krieges, was meinst du damit?", fragt Silvestro.

„Stell dir vor", erklärt Francesco, „wenn jeder tatsächlich der Mächtigste sein will und wenn jeder gleichzeitig auch Angst hat, der andere könne ihn von oben angreifen, dann müssen die doch Türme bauen wie die Verrückten. Dann hört das Turmbauen nie auf. Alles Geld, das die Menschen dann verdienen, stecken sie in diese Bauten. Mit dem Wenigen, das ihnen bleibt, kaufen sie nicht etwa Brot für ihre Kinder. Sie kaufen dafür Pfeile, Schwerter und Lanzen. Irgendwann mal sind die Türme zu groß und krachen zusammen und begraben alle unter sich. Wenn das vernünftig ist, Silvestro, dann lass uns unvernünftig sein!"

„Was sollen wir denn tun?", überlegt Silvestro. „Die Leute müssten ja den Mut haben, einander gegenseitig wieder zu vertrauen. Irgendeiner müsste den Mut haben, als Erster mit dem sinnlosen Bauen aufzuhören. Auf die Gefahr hin, von den anderen angegriffen zu werden. Aber nur so wäre Frieden möglich."

„Du hast recht, Silvestro", entgegnet Francesco entschlossen, „und darum gehen wir jetzt in die Stadt und rufen laut: ‚Gott gebe euch den Frieden!' Für diese Menschen muss der Friede von Gott kommen, die sind selbst nicht mehr dazu fähig!"

„Aber, Francesco, die lachen uns doch nur aus", zweifelt Silvestro, „ich getraue mich nicht, da zu predigen. Am Ende hängen sie uns noch auf!"

„Gut, machen wir es anders", schlägt Francesco vor, „du gehst jetzt in die Stadt hinein und rufst laut: ‚Im Namen Gottes hört auf mit eurem Streit! Ich bin ein Bruder von Francesco, den ihr alle kennt. Er wird in einer Stunde zu euch sprechen!' Nur das musst du sagen. Dann warten sie alle auf mich und dir geschieht nichts!"

Silvestro ist mit diesem Vorschlag einverstanden und geht in die Stadt hinein. Ohne Mühe kommt er durch das Stadttor. Der alte Wächter will gar nicht wissen, wer er ist. „Nur immer hinein in die Stadt", meint er, „ich muss sie gar nicht mehr bewachen. Nur ein hirnloser Trottel kommt noch in diese Stadt." Mit diesen Worten schaut er Silvestro mitleidig an.

Silvestro geht durch die Gassen. Da hat es nur wenige Leute. Die Menschen gehen sehr schnell. Sie huschen aneinander vorbei, ohne viel miteinander zu reden. Die Bewohner verstecken sich lieber hinter ihren Türen. Nur zum Wasserholen und für dringende Geschäfte verlassen sie ihren Turm.

Trotzdem ruft Silvestro laut, was ihm Francesco aufgetragen hat.

„Im Namen Gottes, hört auf mit eurem Streit!" Die ersten Fensterläden werden geöffnet.

„Hör auf mit deinem blödsinnigen Lärm!", ruft ein Mann herunter, „erzähl deine Dummheiten woanders!"

„Hat dich mein Nachbar bezahlt, um mich auf die Gasse herunterzulocken?", krächzt ein anderer, „aber du erwischst mich nicht. Ich bin doch kein Einfaltspinsel. Da hast du etwas!" Mit diesen Worten leert er einen Kübel kaltes Wasser über Silvestro.
„Das kann ja heiter werden", denkt er sich, „ob sich Francesco die Sache nicht etwas zu einfach vorgestellt hat?"
Doch mutig führt Silvestro seine Aufgabe aus und verkündet, dass Francesco zu den Leuten sprechen wolle. Es regnet zwar noch einige faule Eier auf ihn herab. Doch dies macht ihm inzwischen nichts mehr aus. Und sein Mut scheint den Leuten mit der Zeit zu imponieren. Vor allem, wenn er durch die gleiche Gasse schon zum zweiten oder dritten Mal geschritten ist. Als dann Francesco in die Stadt kommt, haben sich einige Fensterläden geöffnet und er hört Stimmen über sich:
„Es ist tatsächlich Francesco. Ich habe ihn schon mal gesehen. Wollen wir auf den Hauptplatz gehen?"
Francesco und Silvestro warten auf dem Hauptplatz auf die Bewohner von Arezzo. Der Platz beginnt sich nur langsam mit Menschen zu füllen. Die Familien kommen in Gruppen. Alle sind schwer bewaffnet. Sie schauen immer nach links und rechts, ob sie nicht plötzlich überfallen werden. In jede Gasse, die auf ihren Weg einmündet, spähen sie zuerst aus, ob von dort her Gefahr droht. Doch Francesco und Silvestro haben Zeit. So versammeln sich nach einigen Stunden tatsächlich alle Familien der Stadt mitten auf dem Hauptplatz. Jetzt beginnt Francesco zu sprechen:
„Bürger von Arezzo, wenn ihr ehrlich seid, müsst ihr zugeben, dass ihr alle auf den Frieden wartet. Nur habt ihr alle so viel Angst vor euren Nachbarn, dass ihr ihnen nicht mehr vertrauen wollt. Wenn ihr aber so weitermacht, wird es in eurer Stadt nie Frieden geben, bis ihr euch alle umgebracht habt. Ich biete euch einen Frieden an. Er braucht nur ein wenig Mut. Erneuert eure Verfassung, dass jede Familie die gleichen Rechte hat wie die andere. Setzt fest, wie hoch ein Haus sein darf. Dann baut alle eure Türme auf diese Höhe zurück. Wenn ihr einverstanden

seid, wollen wir gleich jetzt damit beginnen. Eure Waffen könnt ihr alle hier bei Silvestro und mir lassen. Ihr braucht sie jetzt nicht mehr. Wir werden während dieser Zeit hier für euren Frieden beten."

Francesco hat aufgehört zu reden. Werden die Leute seinen Vorschlag annehmen? Auf dem Platz herrscht einige Minuten lang Stille. Dann ruft ein Mann mit lauter, überschnappender Stimme: „Das ist purer Selbstmord, was du uns vorschlägst. Ich mache nicht mit!" Zustimmendes Gemurmel ertönt von allen Seiten.

„Oh je", denkt Silvestro, „das hat nicht geklappt. Gleich werden sie mit ihren Schwertern aufeinander losgehen. Und wir sind mittendrin. Gute Nacht!" Doch da tritt ein anderer Bürger zu Francesco und ruft, dass es alle hören:

„Hier hast du meine Waffen und die meiner Familie. Wir haben genug vom Krieg. Wenn wir so weiterleben wie bisher, kommt es nicht darauf an, ob wir leben oder tot sind. Lieber tot sein, als noch lange diesen Bürgerkrieg mitmachen. Wir reißen unsern Turm jetzt bis auf eine Höhe von zehn Metern ab!"

So verlässt er mit seiner Familie ohne Waffen den Platz und geht nach Hause. Jetzt kommt ein zweiter Bürger, ebenfalls mit den Waffen in der Hand.

„Er hat recht", ruft er, „wir schließen uns an. Wir glauben euch zweien, dass ihr uns da einen guten Frieden anbietet. Wer in diesem Krieg noch ein wenig Vernunft bewahrt hat, der soll sich uns anschließen." Auch er geht mit seiner Familie. Silvestro und Francesco wagen kaum zu atmen. Wie wird es weitergehen? Da, ein dritter Bürger kommt und legt die Waffen vor ihnen nieder. Dann kommt ein vierter, ein fünfter, ein sechster. Jetzt herrscht wieder eine Weile Ruhe. Dann erhebt sich ein großer, stattlicher Mann.

„Ihr wisst, dass ich der Reichste von euch allen bin. Ohne mich selbst zu rühmen, kann ich sagen, dass ich diesen Krieg am Längsten von euch allen aushalten würde. Doch auch mir ist dieses Leben verleidet. Darum schließe ich mich an." Nach dieser kurzen Rede übergibt er Francesco seine Waffen.

So langsam, wie der Platz sich gefüllt hat, so langsam leert er sich nun wieder. Am Abend sitzen Francesco und Silvestro vor einem großen Haufen von Schwertern, Spießen, Hellebarden, Armbrüsten und sonstigen Waffen. Glücklich lachen sie einander an.
„Was machen wir jetzt? Wir können kaum heimgehen", fragt Silvestro.
„Ich glaube auch nicht", erwidert Francesco, „es sieht so aus, als müssten wir mitten in diesem Waffenhaufen schlafen, wenn wir nicht wollen, dass der ganze Krieg wieder von Neuem losbricht."
Silvestro und Francesco bleiben noch einige Zeit in Arezzo. Die Leute tragen ihre Türme ab und geben sich eine gerechte Verfassung. Alle Bürger können jetzt wieder in Frieden leben. Als die beiden Brüder sich verabschieden, werden sie dankbar und unter Jubel zur Stadt hinausbegleitet.

DER WOLF VON GUBBIO

Nach Beendigung des Bürgerkrieges in Arezzo geht Francesco allein auf einen Berg, den Berg Alverna. Dorthin zieht sich Francesco immer zurück, wenn er allein sein will. Von Zeit zu Zeit ist Francesco ganz gerne allein. Er kann sich dann viel besser seine Gedanken machen über den Frieden in der Welt, über die Zukunft seiner Brüder und über Gott.

Jetzt ist er wieder auf dem Heimweg nach Assisi. Dieser führt ihn durch die Stadt Gubbio. Als er in der Stadt ankommt, ist diese in großer Aufregung.

„Was ist denn los?", fragt Francesco einen Ledergerber, der zornig seinen Stock schwingt.

„Du scheinst nicht aus dieser Gegend zu sein, dass du das nicht weißt", gibt ihm der zur Antwort, „wenn uns hier seit Monaten etwas beschäftigt, dann ist es der Wolf. Hast du noch nie etwas vom Wolf von Gubbio gehört?"

„Der Wolf von Gubbio?", sinniert Francesco, „nein, von dem habe ich noch nie etwas gehört. Aber ich habe alle Tiere gern, sogar die Wölfe!"

„Ein Tier! Ein Untier ist er", lacht der Mann verhalten, „das wäre schön, wenn er ein Tier wäre. Denn dieser Wolf ist ein Mensch. Doch dieser Mensch ist schlimmer als alle Wölfe, Löwen und Tiger zusammen. Der Mann, von dem ich spreche, ist der Raubritter Ezzelino. Er hat dort drüben auf der Anhöhe eine Burg. Aber sie ist durch den Wald versteckt. Jeder, der nur einen Fuß aus der Stadt hinausgeht, muss damit rechnen, dass er von ihm überfallen wird. Siehst du den Mann da vorne? Der ist vor zwei Stunden von ihm überfallen worden."

Francesco sieht den Mann nicht. Er sieht nur eine große Menschenmenge, die sich offensichtlich um jemanden geschart hat. Als sich

Francesco durch die Menschen hindurchdrängt, sieht er in der Mitte einen Mann stehen, der übel zugerichtet wurde. Stockend erzählt er den fragenden Leuten seine Geschichte:

„Wie ihr wisst, wird meine Tochter am nächsten Sonntag heiraten, und da wollte ich natürlich ein großes Fest machen. Deswegen bin ich schon früh morgens aufgebrochen und habe einem Bauern, den ich kenne, ein Schwein und ein Rind abgekauft. Auf dem Rückweg, habe ich mir gedacht, nehme ich den Weg durch den Wald. Schließlich ist es ja noch früh am Morgen. Da schläft Ezzelino mit seinen Leuten sicher noch. Doch mittendrin im Wald ist es trotzdem geschehen. Ich habe mich natürlich tapfer gewehrt, als sie gekommen sind. Doch da sie so zahlreich waren, konnte ich nichts ausrichten. Da habe ich sie angefleht, sie sollten wenigstens Mitleid mit meiner Tochter haben. Aber da haben sie nur grölend gefragt, ob ich denn überhaupt noch auf einer Hochzeit tanzen könne. Sie wollten es mir schon wieder beibringen. Darauf haben sie mich mit ihren Spießen in die Beine gestochen, sodass ich immer auf- und abspringen musste. Tanzen kannst du ja, meinte nun Ezzelino, aber mit diesem Kleid gehst du nicht auf die Hochzeit. Du brauchst ein neues. Zur Sicherheit zerreißen wir dir das Kleid. Nach diesen Worten haben sie wieder gelacht und mir mit ihren Schwertern die Kleider zerfetzt und wohl mehr als einmal dabei die Haut geritzt. Darauf haben sie mich endlich ziehen lassen."

Alle Bürger von Gubbio sind empört, als sie den Bericht hören. Auch diejenigen, die ihn heute schon zum zehnten Mal hören.

„Da müsste endlich einmal jemand etwas unternehmen", ruft eine Marktfrau, „gefangen nehmen und aufhängen sollte man den Kerl! Aber unsere Männer sind viel zu feige, um dieser Räuberbande den Meister zu zeigen."

„Geh doch du", ruft der misshandelte Bürger, „vor deinem Maul hat er vielleicht Angst. Ich für meinen Teil habe genug."

„Irgendetwas müsste man schon tun", ruft ein Schneider. „Wenn das so weitergeht, habe ich bald kein Tuch mehr. Die drei letzten Ballen, die mir ein Händler bringen wollte, sind alle bei Ezzelino gelandet. Es findet sich auch bald kein Tuchhändler mehr, der mir überhaupt noch etwas bringen will."

„Jawohl, tut einmal etwas!", ruft der Ledergerber, „es vergeht kein Tag mehr, ohne dass nicht jemand misshandelt und ausgeraubt wird."

So und ähnlich tönt es noch eine ganze Weile auf dem Marktplatz von Gubbio. Alle sind sich einig: Man sollte diesen Ezzelino endlich einmal bestrafen. In einem zweiten Punkt sind sich die Bürger ebenfalls einig: dass die andern ihn bestrafen sollen. Jeder hat einen Grund, wieso er selbst für die Strafexpedition nicht in Frage kommt, obwohl er natürlich genug Mut und genug Lust dazu hätte. Der eine ist schon zu alt, der andere hat keine Waffen, dem dritten erlaubt es die Frau nicht, und dem vierten hat der Doktor absolute Ruhe verordnet. Nur einer ist ehrlich und meint, er sei beim gemütlichen Stadtleben zu dick geworden und könne darum nicht mehr schnell genug fortrennen.

Auch Francesco macht sich Gedanken. Ob er nicht vielleicht doch den Bürgern helfen kann? Er will es zumindest einmal versuchen. „Hört her, Bürger von Gubbio", ruft er, „ich will mit Ezzelino reden. Vielleicht ist er zu einem Frieden bereit."

Auf diese Worte folgt zunächst Totenstille. Alle trauen ihren Ohren nicht. Will Francesco tatsächlich schutzlos mit dem grausamen Ritter reden?

Nach einer Weile meint der Sargtischler ganz trocken: „Dann will ich nicht mehr länger hier bleiben und mich gleich an die Arbeit machen!"

Doch Francesco hat einen Plan: „Ich versichere euch, dass das gar nicht so schwer ist. Ihr müsst mir nur ein kleines Fässchen Wein mitgeben und drei große Brote. Das sollte ich tragen können!"

Wiederum ist es eine Weile still, bis ein Wirt sagt: „Man erzählt alle möglichen wunderbaren Dinge von dir, Francesco. Vielleicht gelingt es dir, den schrecklichen Ezzelino zu zähmen. Was den Wein anbelangt, will ich ihn gerne spenden."

„Gut, dann bringe ich das Brot", ruft ein Bäcker.

Nach einer halben Stunde bricht Francesco auf. Unter einem Arm trägt er das Weinfass, unter dem anderen die drei Brote. Die Leute begleiten ihn bis zum Stadttor und winken ihm noch lange nach.
„Tut doch nicht so", meint schließlich der Wirt, „man könnte meinen, dass er für immer fortgeht."
„Das weiß man nie so genau", gibt ihm der Sargtischler zurück.
Francesco schreitet zuversichtlich in den Wald. Was will ihm Ezzelino auch antun? Er kann ihm höchstens den Wein und das Brot wegnehmen. Doch beides hat er sowieso für ihn bestimmt. Mit dem will er ihn schließlich anlocken.
Nachdem er etwa eine Viertelstunde im Wald gegangen ist, sagt Francesco zu sich: „So, das sollte genügen. Sonst wird mir der Rückweg, weiß Gott, zu lang."
So stellt er den Wein und das Brot ab und formt aus den Händen einen Trichter. In diesen ruft er so laut er kann:
„E-zze-li-i-no, ich möchte dich zum Essen einladen!"
Anschließend setzt er sich auf den Boden. Jetzt heißt es warten. Doch lange geht es nicht, dann knackt es im Gehölz hinter ihm, und im Nu ist er von zehn Männern umstellt, die ihn feindselig mustern.
Diese Männer sehen nun wirklich zum Fürchten aus. Ihren Gesichtern sieht man es nicht an, was sie mehr gebräunt hat: die Sonne oder die Tatsache, dass sie sich seit Urzeiten nicht mehr gewaschen haben. Die struppigen Bärte, die ihre Gesichter umrahmen, verstärken den wilden Eindruck. Die Kleider sind aus derbem Stoff, dessen ursprüngliche Farbe sich unmöglich bestimmen lässt. In den Händen halten sie schwere Spieße, und in den Gürteln baumeln Schwerter und Äxte.
Francesco scheint dies allerdings nicht zu imponieren.
„Grüß dich, Ezzelino", spricht er den Grimmigsten unter ihnen an. „Setz dich, das Essen ist fertig."
„Wer bist du, frecher, elender Wurm, dass du es wagst, so mit mir zu reden?", fährt er Francesco an. „Weißt du, dass dies dein letztes Essen sein könnte?"

„Ich bin Francesco von Assisi", erwidert er, „wenn es schon mein letztes Essen ist, habe ich nur eine Bitte: dass ich es nicht allein verspeisen muss. Es wäre nämlich etwas viel für mich. Kommt, setzt euch doch zu mir!"

„Du bist Francesco von Assisi?", staunt der Raubritter, dem Francescos Mut nun doch Eindruck macht, „von dir habe ich allerdings schon viel gehört. Was willst du hier bei uns?"

„Zuerst einmal mit euch essen, weil ich Hunger habe", erwidert Francesco, „ihr habt euch ja schon heute Morgen reichlich verpflegt."

„Ha, ha, ha", lacht Ezzelino, „der hat ganz schön Angst gehabt. Er ließ seine Tiere einfach stehen und rannte davon. Wir mussten ihm nachrennen, damit wir ihn ein bisschen quälen konnten."

„Hast du denn Freude daran, die Leute zu quälen?", fragt Francesco erstaunt.

„Jawohl, die Leute aus Gubbio quäle ich gern. Und weißt du, warum?", fragt ihn der Raubritter. „Ich will es dir erzählen: Mein Urgroßvater war noch der Herr der Leute von Gubbio. Überall, wo sie hinkamen, grüßten sie ihn ehrfürchtig. Die Zollgelder und viele Steuern flossen in unsere Kasse. Hei, war das ein Leben auf der Burg! Mein Großvater hat mir davon erzählt, als ich klein war. Es gab große Turniere und viele Feste. Im ganzen Land sprach man von unserer Familie. Und dann, vor gut hundert Jahren, verlieh der Kaiser Gubbio das Stadtrecht. Gubbio ist seitdem eine freie Stadt und muss uns keine Steuern und Zölle mehr zahlen. Seither geht es mit meiner Familie bergab. Wohl gab es am Anfang noch Feste. Aber wir mussten immer mehr Land verkaufen, um uns dieses Leben leisten zu können. Langsam verarmten wir. Mein Großvater verkaufte die Länder, mein Vater häufte Schulden an, um noch als Ritter leben zu können. Als ich die Burg nach seinem Tode erbte, da hatte ich nur Schulden. Ich hatte nicht einmal etwas zu essen. Da hole ich mir nun das Essen, wo es zu holen ist: bei den Bürgern von Gubbio. Denn die sind inzwischen reich geworden. Darum macht es mir Freude, mich an den Bürgern von Gubbio zu rächen. Verstehst du das?"

Eine Weile ist Ruhe. Die Ritter kauen das Brot, und wenn einer Durst hat, setzt er gleich das ganze Fass Wein an seinen Mund und trinkt daraus. Nach einer Weile erwidert Francesco: „Verstehen kann ich es schon, nur: Macht dich dieses Leben auch glücklich?"
„Glücklich?", ruft der Raubritter. „Schau meine Leute an. Sind wir etwa glücklich? Wir haben dieses Leben nicht gewählt. Die Bürger von Gubbio haben uns dazu gezwungen!"
„Nehmen wir einmal an", überlegt Francesco laut, „die Bürger von Gubbio gäben dir ein Haus in der Stadt und genug, um anständig zu leben. Und deinen Knechten gäben sie andere Arbeit. Würdest du dann von der Burg in die Stadt ziehen und mit deinem Räuberleben aufhören?"
„Für wie dumm hältst du mich?" Traurig lacht der Ritter auf. „Wenn ich in die Stadt gehe, hängen die mich sofort auf. Und dann habe ich noch Glück gehabt, dass sie mich nicht vierteilen. Die lassen mich doch nicht in ihrer Stadt leben, obwohl es mir dort gefallen würde. Auf meiner Burg kann man schon lange nicht mehr wohnen. Die Dächer sind kaputt, die Zimmer sind feucht und der Wind pfeift durch alle Löcher. So ein Haus in der Stadt wäre etwas Schönes. Aber es ist unmöglich. Ich bin ein Raubritter und werde als Raubritter sterben."
„Und wenn ich versuchen würde, Frieden zwischen der Stadt und dir zu stiften?", bohrt Francesco weiter. „Schließlich haben wir zwei hier auch bei Brot und Wein Frieden geschlossen. Die Bürger von Gubbio meinen sicher, ich sei schon lange tot."
Der Raubritter überlegt sich die Sache lange. Da ergreift einer seiner Knechte das Wort: „Ezzelino, wir wollen es versuchen. Ich habe dieses Leben hier auch satt. Francesco traue ich es zu. Wir waren vor Stunden auch noch Wölfe. In seiner Gegenwart sind wir jetzt wie sanfte Lämmer."
„Gut", entscheidet Ezzelino, „ich will dir vertrauen. Wir begleiten dich bis zur Stadt und warten vor der Stadtmauer. Wenn es dir gelingt, Frieden zu schließen, kommen wir. Ich kann es zwar noch nicht so recht glauben."

So geht Francesco mit dem gefürchteten Ezzelino nach Gubbio. Wie sie aus dem Wald herauskommen, sehen sie die Leute, die auf der Stadtmauer Ausschau halten. „Ezzelino hat Francesco gefangen", rufen sie hinunter, „sicher will er ein Lösegeld für ihn!"
Doch wie überrascht sind sie, als Francesco die Räuber vor dem Stadttor zurücklässt und allein unter das Stadttor tritt. Dort hält er den Bürgern von Gubbio eine Rede: „Ihr seht, dass ich mit Ezzelino Frieden geschlossen habe. Ich habe mit ihm im Wald gegessen. Ezzelino kann ein sehr netter Mensch sein, wenn man ihn gern hat. Nur der Hunger hat ihn so weit getrieben, dass er euch immer wieder überfallen hat. Ihr wisst, dass er von einem alten Rittergeschlecht abstammt, das oben auf der Burg wohnte. Ihr habt ihnen einst Zins gezahlt. Da ihr nun frei seid, hat Ezzelino nichts mehr zu essen. Er hat mir versprochen, dass er euch nichts mehr tun wird, wenn ihr ihm ein Haus in der Stadt und Essen und Kleider gebt. Seid ihr bereit, auch seinen Knechten in eurer Stadt Arbeit zu geben? Das ist der Frieden, den ich euch anzubieten habe. Ihr könnt jetzt wählen, ob ihr Ezzelino großzügig verzeihen oder ob ihr euch rächen wollt."
Nachdem Francesco so gesprochen hat, beginnt eine heftige Diskussion unter den Bürgern. Die einen haben immer noch Angst und vermuten, Ezzelino wolle sie hereinlegen. Andere haben Vertrauen zu Francescos Friedensplan. Nach einiger Zeit sind sie bereit, den Frieden, den Francesco ihnen anzubieten hat, zu wagen.
So kommt es, dass die Bewohner von Gubbio mit dem gefürchteten Ezzelino in Frieden leben. Sie geben ihm ein schönes Haus in der Stadt. Mit der Zeit haben ihn die Leute sogar gerne. Vor allem die Kinder lieben ihn. Er erzählt ihnen nämlich spannende Räubergeschichten.

STREIT IN ASSISI

Als Francesco von Gubbio nach Assisi zurückkehrt, stellt er fest, dass er berühmt geworden ist. Er selbst ist gar nicht so stolz darauf, wie man vielleicht annehmen würde. Im Gegenteil! Er sucht jetzt noch öfter Stille und Ruhe. Aber dazu lassen ihm die Leute keine Zeit. Überall, wo er hinkommt, erwarten sie Hilfe von ihm. Kein Wunder, dass er in Assisi krank wird. Er hat sich in letzter Zeit zu viel zugemutet. Die vielen Reisen waren zu anstrengend. So liegt er krank in San Damiano, bei der Kapelle, die er einmal wiederaufgebaut hat. Klara und ihre Schwestern pflegen ihn. Bis Weihnachten möchte er wieder gesund werden. Dazu hat er noch einen Monat Zeit. An Weihnachten hat ihn nämlich ein Freund nach Greccio zu sich eingeladen. Die Bürger des Städtchens freuen sich jetzt schon darauf, dass Francesco mit ihnen Weihnachten feiern wird. Francesco malt sich in seiner Fantasie aus, was er alles an Weihnachten machen möchte. Dabei muss er lächeln und es geht ihm schon wieder viel besser. Doch, wenn er wüsste, was im Moment in Assisi los ist, würde ihm das Lachen vergehen. Dort zieht nämlich ein Gewitter auf.

Der Streit zwischen dem Bischof und dem Bürgermeister dauert schon eine Weile. Ein alter Mann, der ohne Kinder verstorben ist, hat in der Nähe von Assisi einen großen Rebberg besessen. Nach seinem Tode wurde ein Testament gefunden, in welchem er den Rebberg zu gleichen Teilen dem Bischof und dem Bürgermeister vermachte. Den Bürgermeister beauftragte er, die gerechte Teilung des Grundstücks vorzunehmen. Der Bischof ist nun der festen Überzeugung, dass der Bürgermeister diese Teilung zu seinen Gunsten gemacht hat. Wohl sind die Teile etwa gleich groß, aber das Rebland des Bürgermeisters ist das bessere. Darum, meint der Bischof, hätte er als Ausgleich ein größeres Stück Land erhalten müssen.

Jeder Durchschnittsmensch hätte als Bischof daraus kein großes Theater gemacht. Er hätte gesagt: „Ich bin Bischof und will wegen ein paar Quadratmetern Land keinen Streit." Aber Bischof Guido von Assisi ist kein Durchschnittsmensch. Er ist ein Weinliebhaber. Für einen Rebberg ist er bereit, den größten Streit vom Zaun zu reißen. Pietro Bernardone, der Bürgermeister und einige Kaufleute sitzen in der Schenke, als sich auf der Straße ein ungewöhnliches Schauspiel bietet. Der bischöfliche Verwalter kommt mit zerrissenen Kleidern und einem blauen Auge, das weithin sichtbar ist, die Straße herunter. Er geht gebückt und hält sich den Rücken. Ständig murmelt er leise vor sich hin. Auf die Fragen der Leute gibt er keine Antwort. Er geht direkt in den bischöflichen Palast.
Pietro Bernardone, der mit seinen Freunden den Verwalter beobachtet hat, fragt, was denn dies zu bedeuten habe.
„Vermutlich hat er die Nacht durchgefeiert und dabei zu viel getrunken", vermutet ein Kaufmann, „dabei wird er auf dem Heimweg einige Male gestürzt sein."
„Es geht um etwas ganz anderes, als ihr vermutet", meint der Bürgermeister lächelnd, „ich will es euch erzählen. Bald wird es sowieso die ganze Stadt wissen." Alle schauen auf den Bürgermeister. Der genießt es, wie ihn alle erwartungsvoll anblicken. Nach einem großen Schluck Wein beginnt er:
„Ihr kennt meinen Streit mit dem Bischof. Ich habe ja letzthin den Rebberg geteilt, den wir beide geerbt haben. Die Teilung war ganz einfach. Ich habe mit zwei Stecken am Rande des Rebbergs die Grenze markiert. Heute nun sollen einige Arbeiter zwei Grenzsteine in den Boden versenken, damit die Sache endgültig wird. Denn, wenn zwei Stecken eine Grenze anzeigen, kann man diese leicht wieder verschieben. Und genau das hat der Verwalter des Bischofs heute am frühen Morgen versucht. Ich habe natürlich mit dieser Möglichkeit gerechnet. Denn angenommen, es wäre ihm gelungen, die Stecken zu verschieben, dann hätten heute die Arbeiter die Steine zu meinen Ungunsten eingesetzt. Doch da ich weiß, dass unser Bischof für ein

Fass Wein zu allem imstande ist, habe ich mich mit einigen Knechten im Rebberg versteckt. Und siehe da, beim ersten Morgengrauen schleicht eine Gestalt heran. Es ist der bischöfliche Verwalter. Vorsichtig schaut er, ob ihn niemand sieht, dann zieht er einen Stecken heraus und will ihn sicher zwanzig Meter weit in mein Rebland versetzen. Er will. Dazugekommen ist er natürlich nicht. Wir haben ihm diese Idee schnell ausgetrieben. Die Wirkung unserer Kur habt ihr vorhin beobachten können. Hoffentlich hat der Bischof jetzt begriffen, dass ich nicht mit mir spaßen lasse." Die Geschichte hat unter den Zuhörern große Heiterkeit ausgelöst.

Der Bischof dagegen hat weniger Verständnis für die Behandlung, die der Bürgermeister seinem Verwalter zuteilwerden ließ. Für ihn ist offensichtlich, dass die Prügel eigentlich ihm gegolten haben. Zudem fühlt er sich nach wie vor im Recht. Seiner Ansicht nach war und ist die Teilung des Rebbergs ungerecht. Am Sonntag holt er darum im Dom zum Gegenschlag aus.

Es ist üblich in Assisi, dass alle besser gestellten Bewohner den Hauptgottesdienst im Dom besuchen. Dieser wird immer vom Bischof gestaltet. Darum sitzen auch an diesem Sonntag, angefangen vom Bürgermeister bis zu Pietro Bernardone, alle im Dom, die ein gewisses Ansehen in Assisi haben. Der Bürgermeister geht sogar gerne in die Kirche, obwohl er doch Streit mit dem Bischof hat. „Der zerplatzt sicher vor Wut, wenn er mich so hier in der Kirche sitzen sieht", denkt er, „und er kann gar nichts machen."

Doch der Bischof kann etwas machen. Das merkt der Bürgermeister, als der Bischof mit den folgenden Worten zu predigen beginnt: „Liebe Christen von Assisi. Diese Woche ist etwas Schreckliches passiert. Man hat es nicht nur gewagt, der Kirche Land wegzunehmen, das ihr eigentlich gehören würde, nein, viel Schlimmeres ist geschehen. Einige gemeine Schandbuben haben sich die Frechheit herausgenommen, einen Diener der Kirche zu verprügeln. Ihr wisst alle, dass sie durch diese Tat automatisch exkommuniziert sind. Ich erkläre daher als Bischof öffentlich die Exkommunikation aller, die an dieser

Schandtat teilgenommen haben. Namentlich erwähne ich unsern Bürgermeister. Falls er Buße tun will und seine Fehler aufrichtig bereut, soll er zu mir kommen. Ich will dann schauen, wie wir den großen Schaden wiedergutmachen können."

Der Bürgermeister ist schon nach den ersten Worten mitten in der Kirche aufgestanden. Beim Stichwort „Exkommunikation" hat er wütend die Kirche verlassen. „Exkommunikation" bedeutet, dass er aus der Kirche ausgeschlossen ist. Er darf nicht einmal mehr auf dem Friedhof in der Stadt beerdigt werden, wenn er stirbt. Er wird irgendwo draußen vor der Stadt mit den Verbrechern und Landstreichern begraben. Diese Strafe ist zu hart. Auch die andern Leute in der Kirche sind erschrocken. Der Bischof ist zu weit gegangen. Sie wissen alle, dass der Bürgermeister nicht als reuiger Sünder zum Bischof gehen wird. Der Bürgermeister wird sich seinerseits wieder am Bischof rächen. Wenn das immer so weitergeht, wird es zu einem Bürgerkrieg in Assisi kommen. Denn die eine Hälfte der Stadt hält zum Bischof und die andere zum Bürgermeister.

Dieser hat nach dem Gottesdienst alle seine Freunde in das Regierungsgebäude, den Stadtpalast, rufen lassen. Auch mit diesem Stadtpalast hat er seinerzeit dem Bischof eins auf die Nase gegeben. Der Bürgermeister hat ihn vor einigen Jahren bauen lassen, um dem Bischof zu zeigen, dass die Kirche nicht der einzige Ort ist, in welchem sich die Bürger versammeln können. Als daher vor der Kirche laut ausgerufen wird: „Wir treffen uns im Stadtpalast!", wissen alle, dass dies die Freunde des Bürgermeisters betrifft. So treffen sich alle Kaufleute und viele Handwerker in diesem neuen Palast. Die Freunde des Bürgermeisters sind vor allem Handelstreibende. Aus dem großen Saal des Palastes dringt bald ein gewaltiger Lärm. Alle diskutieren das Vorgehen des Bischofs und mögliche Gegenmaßnahmen. Immer wieder werden die saftigsten Flüche ausgestoßen. Der Lärm lässt erst nach, als der Bürgermeister zu sprechen beginnt:

„Freunde, der Bischof hat mich heute herausgefordert. Wenn er meint, ich bereue, dass ich seinen Verwalter verprügelt habe, dann irrt er sich. Das würde nämlich bedeuten, dass ich ihm als Zeichen meiner Buße den ganzen Rebberg schenken müsste. Da irrt sich aber unser geldgieriger Bischof. Wir werden den Fehdehandschuh aufnehmen, den er uns hingeworfen hat. Ich schlage vor, dass wir ab heute keinen Handel mehr mit dem Bischof treiben, bis er die Exkommunikation aufhebt."

Alle rufen auf diese wenigen Worte hin „Bravo" und „Hurra". Der Bischof ist auf diesen Handel angewiesen. Er bezieht sein Geld vor allem von seinen Landgütern. Seine Produkte muss er auf dem Markt von Assisi verkaufen. Wenn diese Einnahmen ausfallen, muss der Bischof empfindliche Verluste hinnehmen. Das wird den Bischof, der an seinem Geld hängt, in die Knie zwingen.

Noch am selben Tag verkünden die Herolde der Stadt den Entscheid des Bürgermeisters. Der Bischof handelt schnell. Wenn die Handwerker von Assisi mit ihm und seinen Anhängern keinen Handel mehr treiben wollen, dann müssen sie viele von ihren Erzeugnissen auswärts verkaufen. Da das meiste Land, über welches die beiden Handelsstraßen führen, dem Bischof gehört, baut er ganz einfach eine Zollstation auf jede Straße. So will er das Geld wieder hereinholen, das ihm durch die Maßnahme des Bürgermeisters verloren geht.

Dieser neue Zoll steigert den Zorn der Kaufleute. Sie schließen sich zusammen und vertreiben in einer Nacht die Zöllner des Bischofs. Anschließend zerstören sie die Zollhäuser. Beim vorangehenden Kampf gibt es schon die ersten Verletzten. Es ist nur noch eine Frage der Zeit, wann die ersten Toten zu beklagen sind.

Bruder Leo berichtet ganz aufgeregt Francesco, was sich in der Stadt zugetragen hat. „Und das alles nur wegen dieses verfluchten Rebbergs", schließt er seinen Bericht.

Francesco ist erschrocken, als er die lange Geschichte hört. „Bemüht sich denn niemand in der Stadt um eine Friedensvermittlung?", fragt er Leo.

„Frieden? Im Moment sind noch alle mit Begeisterung dabei, in einen Bürgerkrieg hineinzurutschen", meint dieser, „sie fassen das, so glaube ich, alle wie eine Art Sport auf. Beide Seiten sind gespannt, wer wohl am Ende gewinnt. Nach dem Überfall auf die Zollstationen des Bischofs haben zwar die Vernünftigeren gemerkt, dass es so nicht weitergeht."

„Dann müssen wir unbedingt etwas tun", erklärt Francesco aufgeregt. „Schade ist nur, dass ich krank bin. Ich kenne nämlich den Bischof und den Bürgermeister gut. Vielleicht würden sie auf mich hören. Aber jetzt kann ich nichts tun."

„Du kannst ihnen ja schreiben", schlägt Leo vor, „ich werde es dann öffentlich vorlesen."

„Schreiben ist eine gute Idee!" Angestrengt denkt Francesco nach, „aber Singen wäre noch besser. Jawohl, ich hab's. Ich werde ein kleines Lied komponieren. Komm in einer halben Stunde mit Bernardo und Rufino vorbei. Dann werden wir das Lied üben."

Als die drei Brüder zu Francesco gehen, hat dieser tatsächlich in der kurzen Zeit ein kleines Lied gedichtet und vertont.

„Hört einmal her", fordert sie Francesco auf und beginnt zu singen:

„Gelobt seist du, Gott, durch jene Menschen,
die den Mut haben, aus der Liebe,
die du uns allen schenkst,
zu verzeihen;
die auch bereit sind, Nachteile und Bedrängnis
in Kauf zu nehmen.
Gott, du liebst jene,
die den Frieden auch in schweren Stunden halten.
Du wirst sie einmal belohnen."

Das Lied gefällt den Brüdern. Bernardo und Rufino lernen es auswendig. Leo geht unterdessen zum Bürgermeister und richtet ihm aus, er solle doch zum Bischofspalast kommen. Die Brüder von Francesco hätten ihm und dem Bischof etwas auszurichten. Dem Bürgermeister ist nicht so wohl. Er merkt, dass er daran ist, die Stadt wegen eines

kleinen Stücks Land in einen Bürgerkrieg zu führen. Darum geht er bereitwillig mit Leo zum Bischofspalast. Dort haben inzwischen Bernardo und Rufino den Bischof herausgeholt. Er wartet vor dem Platz. Er und der Bürgermeister schauen sich allerdings nicht an. Als der Bürgermeister kommt, blickt der Bischof angestrengt zum wolkenlosen Himmel, wie wenn er dort oben etwas verloren hätte. Der Bürgermeister hat einen Flecken auf seinem Mantel entdeckt und putzt ständig daran herum, obwohl gar nichts zu sehen ist.
Da beginnen die Brüder zu singen. Der Bürgermeister beendet die Reinigung seines Mantels. Die wehmütige Melodie geht ihm ins Gemüt. Man glaubt es kaum, aber der Bürgermeister beginnt tatsächlich zu weinen.
„Oh, was war ich für ein Esel", ruft er am Schluss des Liedes unter Tränen, „meine Aufgabe wäre es doch, in der Stadt den Frieden zu erhalten. Stattdessen fange ich einen Bürgerkrieg an. Ich bin bereit, dem Bischof alles zu verzeihen, was er mir angetan hat. Zudem will ich Genugtuung leisten für alles, was ich ihm kaputt gemacht habe."
Die Tränen des Bürgermeisters sind ansteckend. Jetzt beginnt auch der Bischof, sich die Augen zu reiben und sich zu schnäuzen. Dann klagt er mit belegter Stimme: „Ich bin noch ein viel größerer Esel. Meine Aufgabe wäre es doch, dass ich verzeihen kann. Ich hätte auf diesen Rebberg verzichten müssen. Stattdessen habe ich nur an meinen Vorteil gedacht. Ich bin ein schlechter Bischof. Darum will auch ich dem Bürgermeister verzeihen. Ich erkläre mich mit der Teilung des Rebbergs einverstanden, wie sie der Bürgermeister gemacht hat. Auch die Exkommunikation will ich aufheben!"
Nach diesen Worten geben sich die beiden die Hand, und damit kommt wieder der Friede in die Stadt Assisi. Nur der bischöfliche Verwalter schaut böse aus einem Fenster. Er spürt auf seinem Hintern immer noch die Prügel des Bürgermeisters.

WEIHNACHT

Der Erfolg seiner Friedensarbeit in Assisi lässt Francesco gesund werden. So kann er sich seinen Wunsch erfüllen und Weihnachten bei einem Freund in der Stadt Greccio feiern. Für dieses Weihnachtsfest hat er sich etwas einfallen lassen. Er möchte, dass Weihnachten in gleicher Weise gefeiert wird wie zu jener Zeit, als Jesus geboren wurde. Genauso soll man alles vorbereiten.
Da es auch eine Niederlassung mit Brüdern von Francesco in Greccio gibt, besucht Francesco am 24. Dezember als Erstes seine Brüder. Allerdings ist dort niemand anwesend. Aber der Tisch ist bereits gedeckt. Da liegt nun aber tatsächlich ein teures Tischtuch aus Damast. Als Sohn eines Tuchhändlers kann sich Franziskus ausrechnen, wie viel das gekostet hat. Offensichtlich wollen die Brüder Weihnachten feiern, wie dies in den besseren Familien üblich ist. Bei der Feuerstelle liegen schon alle möglichen Leckerbissen zum Kochen bereit. Auch der Wein scheint nicht der billigste zu sein. Als Francesco das sieht, wird er traurig. Es scheint, dass diese Brüder nicht begriffen haben, was ihm wichtig ist. So beschließt er, ihnen eine Lektion zu erteilen. Er geht wieder aus dem Haus und wartet bis am Abend.
Am Abend, als er sieht, dass auf dem Tisch Kerzen leuchten, klopft er an die Türe. Er zieht die Kapuze tief ins Gesicht, sodass ihn der Bruder nicht kennt, der ihm die Türe öffnet. „Gebt aus Liebe zu Gott einem armen Bettler etwas zu essen!", bittet er den Bruder. Dieser führt ihn zu den andern Brüdern. Dort gibt man ihm ein Schüsselchen mit Essen und Francesco setzt sich auf den Boden, während die Brüder am Tisch weiterschmausen. Doch plötzlich steht er auf und gibt sich zu erkennen. Den Brüdern klappen vor Erstaunen die Kinnladen herunter.

„Schämt ihr euch eigentlich nicht?", fragt er sie. „Als ich dieses Festessen vorhin sah, habe ich mich gefragt, ob ich mich nicht in der Adresse geirrt habe. Wir sollten doch den Leuten ein Beispiel geben, wie man bei einem einfachen Essen Weihnachten feiern kann. Wir wollen doch auch an Weihnachten Bettler bleiben. Wichtig ist, dass an diesem Tag Jesus in die Welt gekommen ist, um uns zu helfen. Um das zu begreifen, braucht man nicht ein Menu mit zehn Gängen. Im Gegenteil! Ein voller Magen behindert oft das Denken!"
Den Brüdern ist die Sache peinlich. „Du musst entschuldigen, aber es ist doch Weihnachten. Und dann haben wir gehört, dass du kommst, da haben wir gemeint, wir müssten doch irgendetwas ...", stammelt einer und verstummt.
„Ich will es euch nicht nachtragen", lächelt Francesco, „doch wenn ihr zu Ende seid mit dem Essen, wollen wir in den Wald hinausgehen. Dort gedenke ich heute Weihnachten zu feiern!"
Im Wald warten schon viele Leute. Sie haben den Platz hergerichtet, wie Francesco es befohlen hat. In der Mitte steht eine mit Stroh gefüllte Krippe; ein Ochse und ein Esel sind auch dabei. Fackeln spenden Licht. Francesco jubelt vor Freude, als er die Krippenszene sieht. Genauso wollte er Weihnachten feiern. Francesco weiß noch nicht, dass später an Weihnachten viele Menschen ebenfalls eine Krippe aufstellen werden. Francescos Augen leuchten glücklich, als er zur Krippe hingeht und das Weihnachtsevangelium vorliest.
„Ehre sei Gott in der Höhe und Friede den Menschen auf Erden!", liest Francesco vor. Und dann beginnt er, den Leuten zu erzählen, wie Jesus arm zur Welt kam, und dass dieses arme kleine Kind heranwuchs und der Welt den Frieden brachte, den die Welt so dringend braucht. Ein Ritter, der seine Waffen abgelegt hat und gebannt der Predigt lauscht, meint plötzlich, im Stroh in der Krippe das Jesuskind zu sehen. Er reibt sich die Augen. Da war wohl nichts. Aber es hätte ganz gut möglich sein können. Der Mann ist sogar sicher, dass Jesus vor allem in solchen Momenten bei den Menschen ist, wenn es ihnen um den Frieden geht.

Nachdem Francesco zu den Leuten gesprochen hat, feiern sie, um die Krippe versammelt, Gottesdienst. Sie brauchen dazu keine kostbar geschmückte Kirche. Ihr Altar ist die mit Stroh gefüllte Krippe, und die Kirche ist der Wald. Nicht nur der Wald! Für Francesco ist die ganze Welt, die ganze Natur die Kirche. Als Francesco am Schluss zu den Leuten sagt: „Nun gehet hin in Frieden!", ist das nicht ein leeres Wort. Wer mit Francesco zusammen sein durfte, hat erfahren können, was Frieden ist. Fröhlich gehen die Leute nach Hause. Und Francesco? Auf ihn warten noch einige Aufgaben. Krieg und Streit kann immer wieder unter den Menschen aufbrechen. Darum haben Francesco und seine Brüder noch viel Arbeit.

Wir kehren an dieser Stelle zurück ins 21. Jahrhundert. Wir nehmen aus dem Mittelalter einen Gruß mit, den unsere Zeit auch gut brauchen kann. Den Gruß, mit dem Francesco alle Leute zu grüßen pflegte:
„Der Friede sei mit dir!"

Nachwort:
Das Leben des Franz von Assisi und seine Friedensbotschaft

Im Kinderbuch „Vom Ritter zum Friedensboten" zeichnet Markus Arnold den Einsatz des Franziskus für Frieden in vielfältigen Dimensionen nach. Träume von Ritterleben und militärischen Heldentaten zerschlagen sich im Leben des jungen Mannes. Als Kaufmann durchschaut er die Gewalt, die in wirtschaftlichen Prozessen steckt, und die Härte, die sozial Randständige in der frühbürgerlichen Gesellschaft erleben. „In den Fußspuren Jesu" erkennt Franziskus eine Alternative und in der Sendung der Apostel seine neue Berufung: „Tragt Frieden in die Städte, Dörfer und Häuser" zeichnet den Grundauftrag von Jesu Jüngern aus. Franziskus lernt ihn schrittweise wahrzunehmen. Als Hilfsarbeiter in fremden Häusern begegnet er Familienkonflikten, als Straßenkünstler interveniert er in städtische Parteifehden, als prophetischer Prediger sucht er Bürgerkriege abzuwenden, mit Zeichenhandlungen spricht er unbarmherzigen Kirchenfürsten ins Gewissen und stößt Kreuzrittern vor den Kopf. Sein Gang ins ägyptische Lager des Sultans wirkt derart nachhaltig, dass sich die Weltreligionen heute für ihre gemeinsamen Friedensgebete in Assisi versammeln. Franziskus tut als schlichter Bruder schließlich, was im Mittelalter noch kein Papst und kein Kaiser tat: Er schreibt „Rundbriefe an alle Menschen" und drückt darin ein Bewusstsein aus, das Michail Gorbatschov und Boutros-Boutros Ghali in unseren Tagen ins Bild von „Europa als gemeinsames Haus" und der „Welt als Dorf" gefasst haben. Wie kommt Franziskus zu seiner universalen Geschwisterlichkeit? Was macht ihn zum Propheten des Friedens? Und woraus nährt sich sein unermüdlicher Einsatz, dessen Wirken im Lauf seines Lebens alle Grenzen überschreitet?

Das Nachwort zu diesem gelungenen Buch will aufzeigen, wie Franziskus schrittweise zu einem mittelalterlichen „Friedensaktivisten" wird und was ihn heute zum geschätzten Propheten macht. Ein erster Teil beleuchtet die biografische Wandlung vom egozentrischen Kaufmann zum universal offenen

Bruder. Ein zweiter Teil sucht dessen Erfahrung in einen Dekalog des Friedensdienstes zu fassen, in zehn Gebote für den Frieden.

Werdegang eines Friedensstifters

Enge Grenzen und weiter Horizont

Franziskus kommt aus der kleinräumigen Welt eines mittelalterlichen Städtchens, das sich sozial und politisch abgrenzte. In den jungen Jahren des Kaufmanns bekämpften sich Adel und Bürger der Stadt. Obdachlos nächtigten Arme und Bettlerinnen in engen Gassen, und vor den Mauern kämpften jene Entwurzelten ums Überleben, die es nicht schafften, in der aufstrebenden Kleinstadt Fuß zu fassen. Die arbeitende Landbevölkerung blieb über den Bürgerkrieg hinaus unterdrückt: Bauernfamilien lebten leibeigen unter dem Joch des Adels oder der zwölf benediktinischen Klöster. Franziskus war der Spross reicher Bürger. Einmal nannte jemand Franziskus „rusticus", weil sein Reden oder Tun „bäuerlich" wirkte. Der ehrgeizige Mann fühlte sich beleidigt. Und einen Bettler, der reiche Kundinnen im Modegeschäft der Bernardones störte, warf er aus dem Laden. Franziskus bewegte sich jahrelang in der engen Welt seiner privilegierten Familie, der führenden Zunft und einer zerstrittenen Kleinstadt, die sich über ihre Landbevölkerung erhob und gegen ihre bedeutendste Nachbarstadt Krieg führte.

Als Juniorchef eines Handelshauses, das Luxusstoffe importierte, entdeckte Franziskus zugleich weite Horizonte: Er lernte Latein, die internationale Sprache des Mittelalters, und Provenzalisch für die Handelskontakte mit Frankreich. Seine besondere Liebe zu diesem Land weckten Geschäftsbeziehungen zur Provence, die er als junger Erwachsener mit seinem Vater bereiste. Die Quellen erzählen zudem von einer Wallfahrt nach Rom, in den größten Pilgerort Europas, wo sich Menschen aller Sprachen tummelten. Schließlich lockte den jungen Mann auch das Heilige Land, wohin damals Kreuzritter aus dem ganzen Abendland aufbrachen. Eine Kleinstadt mit sozial engen Mauern und ein Italien, das mit seiner langen Mittelmeerküste weite Horizonte eröffnete, prägten den Bürgersohn Francesco – der zunächst nicht von Frieden, sondern von Krieg träumte.

Befremdendes und Entfremdung

Dass Franziskus kein egozentrischer Kaufmann in einer Kleinstadt wurde, sondern ein solidarischer „Bruder aller Geschöpfe", liegt zunächst an einer schmerzlichen Entfremdung. Die geliebte Welt seines Städtchens wurde ihm durch das Scheitern seines Rittertraums fremd. Ein missratener Kriegszug, monatelange Kriegsgefangenschaft im feindlichen Perugia und eine bedrohliche Krankheit führten dazu, dass die bürgerliche Welt von Assisi „ihre Farbe verlor". Franziskus wurde seiner Zunft, Familie und Stadt fremd. Es dauerte Monate, bis er nach seiner Entlassung aus der Gefangenschaft wieder geheilt war. Dann trieb sich der Kaufmannssohn mit offenen Sinnfragen draußen in den Wäldern und unten in der Ebene herum. Er änderte seine Blickrichtung, schaute von außen auf das Treiben der Stadt und durchschaute die engen Kreise seines Lebens. Einst fremd und abstoßend, zogen ihn nun die Milieus der Arbeiterschaft, der Bettler und schließlich der Verstoßenen an. Sie öffneten ihm nicht nur die Augen für sein eigenes Betteln nach Lebenssinn, sondern weckten eine bisher nicht gekannte Liebe: „In der Begegnung mit Aussätzigen ist mein Herz erwacht", beschreibt er die Schlüsselerfahrung in dieser Krisenzeit. Sie bereitete auf eine überraschend neue religiöse Erfahrung vor: In San Damiano erkannte er Gottes Sohn selbst als obdachlos, nicht als der gefeierte Weltenherrscher der Romanik, dem Assisi eben einen Prachtdom baut, sondern halb nackt und wehrlos am Kreuz, arm und vergessen in einer Kirchenruine, ein Fremder unter Randständigen vor den Stadtmauern.

Grenzüberschreitungen und neue Freiheit

Franziskus wechselte auf die Seite des „armen Christus": Eben noch Modeverkäufer und Lebemann an vielen Festen, wurde er im Konflikt mit seinem Vater zum Narren erklärt, für verrückt gehalten und nach seiner Enterbung aus der Stadt verstoßen. Eben noch privilegierter Immobilienhändler, klopfte Franziskus mittellos bei Mönchen an. Dabei erlebte er eine kleine Abtei, die ihre Küchenhilfe so übel behandelte, dass der Heimatlose nach Gubbio weiterzog und dort im Aussätzigenhospital diente: Der früher umschwärmte Sohn eines Luxuskaufmanns und Bankers lebte plötzlich in der fremden Stadt namenlos mit den Ungeliebten. Nach Monaten wagte er sich zurück nach Assisi und ließ sich dort beim armen Christus von San Damiano nieder. Verachtete er früher als Städter hoch zu Ross das Ländlich-Bäuerliche, die Welt vor den Stadtmauern, wurde diese nun sein Zuhause: ein Zuhause ohne Mauern und Grenzen. Franziskus erlebte sich fortan als Geschöpf unter Geschöpfen. Das exponierte Leben draußen tauchte ihn ein in eine Schöpfung, deren Schönheit er später im Sonnengesang besingt: Obdachlos „wie die Vögel des Himmels" und vom Schöpfer gekleidet „wie die Lilien des Feldes", lebte er zunächst als Eremit und fand dann unterwegs durch ganz Italien eine neue Familie. In Hitze und Kälte, Dürre und Sturm teilte Franziskus das Schicksal jener, die ungeschützt in der Natur leben: die Ausgeschlossenen, die Tiere auf den Feldern und die Vögel am Himmel.

Die zwei Jahre als Einsiedler bei San Damiano hatten wenig Romantisches an sich: Mit Randständigen und dem Priester Pietro baute Franziskus am Landkirchlein, betrachtete den „armen Christus" und suchte seinen Auftrag. Dabei kehrte er nach Assisi zurück, wo er Brot und Steine erbat. Nicht nur praktische Not drängte ihn zum Betteln, sondern die Liebe zum armen Christus in San Damiano: Franziskus folgte ihm, „der arm geboren ganz arm in dieser Welt gelebt hat, nackt und arm am Kreuz gestorben und in fremdem Grabe bestattet worden ist" (Dreigefährten). Dieser „Christus auf Augenhöhe" öffnete dem jungen Eremiten zugleich neue Horizonte. Um den Auferstandenen zeigt das Ikonenkreuz Gefährtinnen und Gefährten in einem Kreis, der sich für die ganze Menschheit öffnet: Ein Jude und ein Römer stehen für Israel und das Weltreich, für das ersterwählte Volk und die vielen Völker, für die Menschheit, die unter der Hand des einen himmlischen Vaters zur Familie werden.

Fremde werden einander Geschwister

San Damiano prägte Franziskus und bereitete den verspotteten Bettler und Freund der Verstoßenen auf ein neues Leben vor. Er fand seine Sendung in der nahe gelegenen Kapelle Portiunkula: Das Evangelium rief ihn auf, wie die Apostel zu den Menschen zu gehen, Frieden zu stiften und Reich Gottes erfahrbar zu machen. Franziskus wagte sich nach Assisi zurück und übte da eine neue Rolle ein. Die ersten Erfolge waren bescheiden. Immerhin schlossen sich ihm erste Gefährten an. Mit dem vornehmen Bernardo, dem Juristen Pietro und dem Handwerker Egidio entstand eine *Fraternitas*, eine Gemeinschaft, die eine subversive Geschwisterlichkeit lebte. Bald stoßen auch Bauern und Ritter dazu. Getrennte Stände, Städter und Landleute, Mitbürger und Fremde lernten Brüder zu werden, untereinander und zu jedem Menschen. Die Mächtigen von Assisi verfolgten den provokativen religiösen Aufbruch, der ihre soziale und politische Ordnung in Frage stellte. Schikaniert und drangsaliert wanderte die junge Bruderschaft ins Rietital aus. Dort gewannen die fremden Zuwanderer die Liebe der Bevölkerung, indem sie den Menschen mit Vorschussvertrauen begegneten: Der Gruß „buon giorno, buona gente" öffnete ihnen Türen und Herzen.

Pilgernd in der Kirche

Nicht nur Assisi verstieß die ersten Brüder, sondern auch die Kirche drohte sich gegen sie zu wenden. In Frankreich wütete damals ein Kreuzzug gegen Laien, die das Evangelium als arme Wanderprediger verkündeten. Im Mai 1209 gelang es Franziskus in Rom, genau dafür den päpstlichen Segen zu erlangen. Innozenz III. erschloss den Brüdern „den ganzen Erdkreis". Als sich ihnen nach zwei Jahren auch Frauen anschlossen, geboten ihnen Berufung und Klugheit, ein sesshaftes Leben zu wählen, um nicht mit den verfolgten Waldensern verwechselt zu werden. Franziskus öffnete seinen Horizont in den folgenden Jahren auf die ganze Welt hin: 1212 litt eine Expedition nach Syrien in der Adria Schiffbruch, 1214 brach er zu einer Friedensmission nach Marokko auf. Unterwegs durch Frankreich und Spanien erfuhr er sich als Teil der pilgernden Menschheit: Noch heute erleben Jakobspilgernde unterwegs, wie schnell Leute aus allen Ländern und Gesellschaftsgruppen einander Gefährtinnen und Gefährten werden. Ziel der Reise blieb für Franziskus nicht Santiago de Compostela, sondern die Welt des Islam. Er suchte den Dialog mit dem maurischen Oberherrscher, Kalif Emir Al-Mumenim, erkrankte aber und kehrte nach Assisi zurück.

Wenn Feinde zu Freunden werden

1219 suchte Franziskus ein zweites Mal, Kreuzzüge zwischen Christen und Moslems zu beenden. In Ägypten machte er eine überwältigende Erfahrung. Von den Kreuzrittern verspottet, entdeckte der Bruder im Lager des Sultans eine

Religiosität, die ihn tief berührte: Gottesliebe außerhalb der eigenen Religion. Die zunächst fremde und exotische Form, Gott in der Schrift, in 99 Namen und im Alltag zu verehren, bewegte Franziskus ab 1220, sich in Rundschreiben an „alle Menschen, wo auch immer auf Erden" zu richten. Er ruft sie darin „brüderlich" auf, vom Islam zu lernen und in allen Alltagsgeschäften die eine verbindende Mitte zu finden: „den Höchsten", von dem jeder Friede ausgeht.

Noch universaler wurde die schönste Dichtung des Mystikers drei Jahre päter: Nicht nur alles Geschaffene wird im Sonnengesang als Familie Gottes besungen. Die Strophe über den Tod überwindet auch dunkle Bilder des Sensenmannes und die Angst vor dem Sterben, der letzten Grenze auf Erden, fiel. Sterbend ließ Franziskus denn auch im Herbst 1226 seine Brüder zurück und begrüßte seine „Schwester Tod" vertrauensvoll: als wegkundige Gefährtin in die ewige Gemeinschaft Gottes, in der sich Himmel und Erde versöhnen.

Zehn Gebote für Friedensaktive

Der lebenslange Lernprozess des Franziskus, der heute alle Welt- und Naturreligionen wie kein anderer Prophet verbindet, lässt sich in zehn Weisungen für Friedensengagierte fassen.

1. Eigene Grenzen überwinden

Begegnung mit dem Fremden gelingt, wo Menschen ihre eigene Realität überschreiten und relativieren. Es braucht die kritische Distanz, um die eigene Welt zu durchschauen und ihre Konflikte zu verstehen. Der „andere Blick" lässt das Eigene klarer sehen und das Verbindende im Fremden erkennen.

2. Die eigene Identität zeigen

Partner, die sich um Verständigung bemühen, begegnen einander im Dialog. Begegnungen gelingen nicht nur dank geschickt gewählter Worte und guter Rollenverteilung, sondern wesentlich wegen dem inneren Profil der Beteiligten. Franziskus fordert seine Gefährten auf, sich jedem gegenüber als Bruder zu verhalten und sich interreligiös aufrichtig als Christen zu bekennen.

3. Gottvertrauen

Franziskus traut Gottes Geist zu, in jedem Menschen und auch in anderen Religionen zu wirken. Vertrauen in das Tun Gottes über die eigenen Möglichkeiten hinaus lässt Glaubende anderen Menschen bescheiden, offen und auf Augenhöhe begegnen. Das Vertrauen darauf, dass Gott als Vater aller Menschen auch alle in seiner neuen Welt vereinen wird, bewirkt, dass es letztlich keine Feinde gibt und Feindbilder keine Macht entfalten.

4. Die Initiative ergreifen

Versöhnungen zwischen Familien, Parteien und Städten, ja selbst in religiösen Konflikten kommen nur zustande, wenn Mutige initiativ werden. Franziskus vertraut in Arezzo und in Ägypten auch unter ungünstigen Bedingungen auf die Offenheit des anderen. Mut und Vertrauen lassen gewagte Interventionen zwischen den Fronten zur Begegnung werden und gelingen.

5. Die Friedenssehnsucht ansprechen

Die Brüder trafen auf soziale Spannungen und Städtekonflikte, in Spanien und Ägypten auf eskalierende Religionskriege. Indem sie schutzlos Frontlinien überschritten, wurden sie als Friedensboten erkannt. Wer militärischem Machtgehabe mit gewaltloser Hoffnung begegnet, spricht die Sehnsucht an, die in jedem Menschen letztlich Friede wünscht.

6. Menschen hilfreich sein

Wer anderen Gutes tut, verbindet durch Taten, die stärker sind als Worte. Franziskus sieht in Andersdenkenden und Andersgläubigen Geschwister. Er ermutigt seine Brüder, sich auf andere Kulturen einzulassen und darin „jedem Menschen dienstbar zu sein". Wer das Wohl der anderen sieht, ihre Entfaltung fördert und ihnen guttut, wird wohlwollend wahrgenommen.

7. Mitten unter den anderen leben

Sowohl in sozialen und politischen Konflikten wie in interreligiösen Konfrontationen finden Begegnung und Dialog eine andere Basis, wenn man nicht einfach „zu" den anderen geht oder „für sie" wirkt, sondern „unter ihnen" lebt.

Franziskus ermutigt alle Menschen, die Lebensbedingungen eines Milieus zu teilen, in das sie sich gesandt fühlen.

8. Durch das Leben sprechen

Franziskus unterscheidet zwei Formen der Mission: jene durch die Sprache des eigenen Lebens und Handelns, und jene durch Worte. Er zieht die erste Art vor. Erst wer sich mit der anderen Kultur und Religion vertraut gemacht hat und sicher ist, „dass es Gott gefällt", soll auch Glaubensfragen ansprechen.

9. Zuhören und lernen

Franziskus lässt sich als überzeugter Christ beeindrucken vom täglichen Beten der Moslems und ihrem ehrfürchtigen Umgang mit dem Koran. Zugleich gewinnt die Gottesliebe des Mystikers die Freundschaft des Sultans. Gelingende Begegnungen leben vom Geben und Nehmen und schenken Impulse für den eigenen Alltag.

10. Nicht allein, sondern gemeinsam

Franziskus handelt nicht als Individualist. Er sendet seine Gefährten zu zweit oder in kleinen Gruppen, um Frieden und das Evangelium in die Welt zu tragen. Das Verhalten im eigenen Kreis soll überzeugend sichtbar machen, was Menschen verkünden.

Den eigenen Friedensauftrag entdecken

Das Nachwort fasst für Interessierte kurz zusammen, was Franziskus zum Friedensstifter und zum Propheten der Weltreligionen macht. Als Biografie skizziert es zuerst unter „Werdegang eines Friedensstifters" den aktuellen Forschungsstand zum Leben und Wirken des Franz von Assisi. In den „zehn Geboten für Friedensaktive" wird gezeigt, was wir Menschen von heute aus dem Wirken des Franz von Assisi lernen können. Die Gebote möchten anregen, in Schulklassen wie in der Familie zu besprechen, was Einsatz für Frieden in dieser Welt ganz konkret für mich und mein Verhalten heißen kann.

Franziskus hat die Worte der Bibel und das Leben Jesu verinnerlicht und beides zu seinem eigenen Reden und Handeln gemacht, indem er den Fußspuren Jesu nicht nur folgte, sondern sie in seiner Persönlichkeit vertiefte. Das ist eigentlich der Auftrag jedes Menschen, der sich Christ nennt.

In den formulierten zehn Geboten für Friedensaktive lassen sich zentrale Aussagen der Zehn Gebote und die Lebenshaltungen von Jesus entdecken:

1. Liebe deinen Nächsten ...
2. ... wie dich selbst.
3. Du sollst neben mir keine anderen Götter haben.
4. Sechs Tage darfst du schaffen ...
5. Du sollst nicht morden,
6. nicht nach dem verlangen, was deinem Nächsten gehört,
7. nichts Falsches gegen die Nächsten aussagen ...
8. Du sollst den Namen Gottes nicht missbrauchen.
9. Du sollst Vater und Mutter ehren.
10. Jesus begründet die Gemeinde: Wo zwei oder drei in meinem Namen ...

In diesem Sinn fordert uns Franz von Assisi auf, aus der Bibel und in der Nachfolge Jesu Grundsätze für den eigenen Friedensauftrag zu finden, zusammen in der Familie, in der Schulklasse, in der Jugendgruppe, in der Pfarrei.

Bruder Niklaus Kuster

Br. Niklaus Kuster, geboren 1962, wohnt im Kapuzinerkloster Olten. Der promovierte Theologe ist Dozent an den Universitäten Luzern und Fribourg sowie an den Ordenshochschulen Münster und Madrid, Leiter von spirituellen Reisen und Autor mehrerer Bücher zu Franz und Klara.

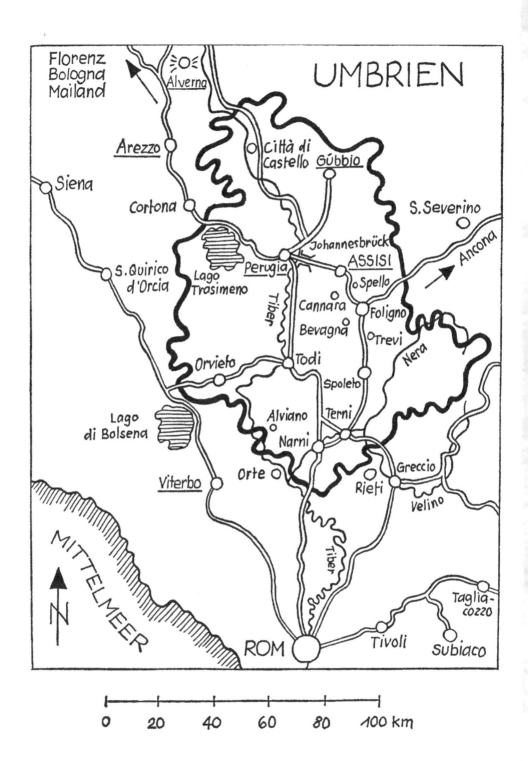